한·러, 러·한 무역 용어합본사전

이 상 재 저

도서출판 문 예 림

КОРЕЙСКО−РУССКИЙ РУССКО−КОРЕЙСКИЙ СЛОВАРЬ ВНЕШТОРГОВЫХ ТЕРМИНОВ

АВТОР И СОСТАВИТЕЛЬ

ЛИ САН ЧЖЭ

ИЗДАТЕЛЬСТВО МУНЕРИМ

한-러, 러-한 무역용어사전을 발간하며...

한국과 구소련간의 교역은 1970년대 후반부터 1980년대 중반까지 일본·홍콩 및 서구국가 등을 경유한 간접교역 방식으로 이루어져 1986년도 교역액이 8,000만 달러에 그치는 미미한 수준이었습니다. 그러나 88서울올림픽 개최와 1990년 한소수교 이후의 직접거래방식 전환 등을 계기로 양국 경협이 본격화되면서 1987~1991년 5년간 양국 교역은 연평균 71%의 속도로 증가하여 1991년에는 1986년에 비해 무려 15배 가량 증가한 12억 달러를 기록하게 되었습니다.

1991년 12월 구소련의 붕괴로 러시아와의 교역여건이 악화되어 교역량이 일시적으로 감소했으나, 1993년 이후 부터 자동차, 전자제품 등 한국산 고부가가치 상품의 수출과 러시아 원자재 수입증대에 힘입어 꾸준히 증가세를 보이며 교역량이 매년 증가하여 머지않아 양국 간 전체 교역량이 100억 달러를 넘어설 것으로 전망되고 있습니다.

특히 2005년 11월 부산에서 개최되었던 APEC 정상회의에서 한국은 중국에 이어 러시아에 시장경제지위(MES)를 부여할 것을 약속했습니다. 이를 바탕으로 정례적인 한러경제공동위원회 및 산하위원회 활동, 상뜨뻬째르부르그 및 이르쿠츠크 총영사관 개설, 러시아 천연가스 도입, 극동 시베리아 유전가스 공동개발, 동시베리아-태평양 송유관 사업, 과학기술 및 산업기술 분야협력 공동연구센터 설립, 한국우주인 양성 프로그램, 소형우주발사체 공동개발 사업 등 양국 간 경제 교류가 더욱 활발해질 것으로 예상됩니다.

이번에 소개하는 「한러, 러한 무역용어사전」은 일상적인 무역거래에서 빈번하게 사용되는 한국어 표현 약 6,500여개와 러시아어 표현 약 4,500여개 등 약 11,000여개의 표제어를 엄선하여 각각 러시아어와 한국어로 번역하였습니다. 지금까지 국내에도 여러 종류의 한러 및 러한사전이 발간되어 있으나, 무역거래에서 빈번히 사용되는 통상전문용어를 충분히 반영하지 못하고 있습니다. 따라서 금번 「한러, 러한 무역용어사전」은 국내 최초로 선보이는 통상전문 용어사전이라는 상징적 의미뿐만 아니라, 실용적인 측면에서도 활용도가 높을 것으로 여겨집니다.

모쪼록 「한러, 러한 무역용어사전」이 현재 러시아와의 무역실무를 담당하거나 러시아어 학습에 종사하는 모든 분들에게 유용한 자료로 활용되기를 기대합니다. 그리고 러시아어 관련서적의 수요층이 그다지 많지 않음에도 불구하고 본 용어사전의 필요성에 동감하여 흔쾌히 출판을 맡아주신 도서출판 문예림 서덕일 사장님께 이 자리를 빌어 감사의 뜻을 전합니다.

일상적인 무역거래에서 빈번히 사용되는 용어들을 중심으로 엮다보니 수록용어의 범위가 한정되어 일부 전문용어가 누락되거나, 의미가 불명확한 번역상의 오류가 발견되더라도 이는 전적으로 저자의 일천한 경험에서 기인한 것이므로 앞으로 계속하여 부정확한 용어의 보완과 추가용어 수록 작업을 거쳐 용어사전으로서의 완성도를 높여나가도록 하겠습니다.

2008. 7. 저자

* 저자 약력 *

저자 이상재는
부산외국어대 러시아어과 졸업,
한국외국어대 대학원, 모스크바 러시아어연구소(ИРЯ)에서 수학,
서강대에서 19세기 러시아 민족주의 연구로 정치학 석사학위 취득,
1995~2008년 한국토지공사에서 러시아, CIS 지역 해외업무를 담당하였고,
현재 러시아자연과학아카데미(RANS) 한국지부 학술간사, 사단법인 한러시아협회 사무국장 및 (주)동호ENC 해외사업부 이사로 재직하고 있습니다.

····· 목 차 ·····

러시아어의 자모와 발음 ·· 8
초보자를 위한 러시아어 읽는 법 ·· 9
일러두기 ·· 13

한-러 무역용어

가 ··· 14
나 ··· 58
다 ··· 60
라 ··· 72
마 ··· 74
바 ··· 82
사 ·· 102
아 ·· 137
자 ·· 170
차 ·· 197
카 ·· 205
타 ·· 207
파 ·· 214
하 ·· 221

러-한 무역용어

А	237
Б	244
В	250
Г	260
Д	264
Е	271
Ж	272
З	273
И	278
К	284
Л	296
М	299
Н	301
О	306
П	317
Р	342
С	351
Т	367
У	371
Ф	375
Х	379
Ц	380
Ч	383
Ш	385
Э	386
Ю	389
Я	390

부 록

사업자등록증 러시아어번역 ·· 392
갑류무역업등록증 러시아어번역 ·· 393
위임장 러시아어 용례 ·· 394
화학원소명 ·· 395
측량단위 ·· 499
러시아산 수종명 ·· 401
육상동물명 ·· 402
조류명 ·· 403
곤충명 ·· 404
수중생물명 ·· 405
나무명 ·· 406
과일명 ·· 407
화초명 ·· 408
야채, 곡물명 ··· 409

☞ 러시아어의 자모와 발음

알 파 벳	명 칭	발 음	영어표기
А а	아	[a]	a
Б б	베	[b]	b
В в	붸	[v]	v
Г г	게	[g]	g
Д д	데	[d]	d
Е е	예	[e]	e
Ё ё	요	[jo]	yo
Ж ж	줴	[ʒ]	zh
З з	제	[z]	z
И и	이	[i]	i
Й й	이 끄라뜨꼬예	[j]	j
К к	까	[k]	k
Л л	엘	[l]	l
М м	엠	[m]	m
Н н	엔	[n]	n
О о	오	[o]	o
П п	뻬	[p]	p
Р р	에르	[r]	r
С с	에스	[s]	s
Т т	떼	[t]	t
У у	우	[u]	u
Ф ф	에프	[f]	f
Х х	하	[x]	kh
Ц ц	쩨	[ʦ]	ts
Ч ч	체	[tʃ']	ch
Ш ш	솨	[ʃ]	sh
Щ щ	쏴	[ʃ'tʃ]	shch
Ъ ъ	뜨뵤르듸 즈낙		
Ы ы	의	[ɨ]	y
Ь ь	먀흐끼 즈낙		
Э э	에	[e]	e
Ю ю	유	[ju]	yu
Я я	야	[ja]	ya

☞ 초보자를 위한 러시아어 읽는 법

◎ 러시아어 알파벳과 유사한 발음의 한글 자모음

А а	ㅏ	우리글 모음 '아'에 해당 [예] мама 마마(엄마), фирма 휘르마(회사),
Б б	ㅂ	위아래 양입술이 붙었다가 떨어지면서 나는 소리로 우리글 '비읍'에 해당 [예] бабушка 바부쉬까(할머니), брат 브라뜨(형제)
В в	ㅂ	윗니와 아래입술이 붙었다가 떨어지면서 나는 소리로 우리글 '비읍'과 유사 [예] вагон 와곤(열차 한 량), восток 보스똑(동쪽)
Г г	ㄱ	우리글 '기역'에 해당 [예] гость 고스찌(손님), гитара 기따라(기타)
Д д	ㄷ	우리글 '디귿'에 해당 [예] дом 돔(집, 주택), друг 드루그(친구)
Е е	ㅖ	우리글 모음 '예'에 해당 [예] если 예슬리(만약에...), обмен 오브멘(교환)
Ё ё	ㅛ	우리글 모음 '요'에 해당 [예] ёлка 욜까(크리스마스 트리), ёж 요쉬(고슴도치)
Ж ж	ㅈ	입안의 혀를 약간 둥글게 구부려서 나는 소리로 우리글 '지읏 (쥐)'와 유사 [예] жена 줴나(아내), жетон 줴똔(토큰)
З з	ㅈ	혀중간부분이 위입천정이 닿을듯이 해서 나는 소리로 우리글 '지읏'과 유사 [예] знак 즈낙(표시), запад 자빠드(서쪽)
И и	ㅣ	우리글 모음 '이'에 해당 [예] ион 이온(이온), институт 인스찌뚜뜨(연구소)
Й й	ㅣ	우리글 모음 '이'보다 힘있고 짧게 나는 소리 [예] йод 이오드,요드(요오드액)

К к	ㅋ,ㄲ	우리글 '키읔, 혹은 쌍기역'에 해당되는 자음이지만 대부분 경음으로 발음함
		[예] Корея 까레야(한국), кость 꼬스찌(뼈)
Л л	ㄹ	우리글 '리을'과 유사 (영어의 'l' 발음)
		[예] любовь 류보휘(사랑), культура 꿀뚜라(문화)
М м	ㅁ	우리글 '미음'에 해당
		[예] милиция 밀리찌야(경찰), машина 마쉬나(기계, 자동차)
Н н	ㄴ	우리글 '니은'에 해당
		[예] страна 스뜨라나(국가), ночь 노치(밤, 야간)
О о	ㅗ	우리글 모음 '오'에 해당
		[예] осень 오신(가을), повод 뽀보드(동기)
П п	ㅍ,ㅃ	우리글 '피읖, 혹은 쌍비읍'에 해당되는 자음이지만 대부분 경음으로 발음함
		[예] парк 빠르끄(공원), плод 쁠로드(열매, 과실)
Р р	ㄹ	우리글 '리을'과 유사 (영어의 'r' 발음)
		[예] ремонт 레몬뜨(수리, 정비), река 레까(강)
С с	ㅅ	우리글 '시읏'에 해당
		[예] мост 모스뜨(다리, 교량), семинар 세미나르(세미나)
Т т	ㅌ,ㄸ	우리글 '티읕, 혹은 쌍디귿'에 해당되는 자음이지만 대부분 경음으로 발음함
		[예] строительство 스뜨로이쩰스뜨보(건설,건축), товар 또바르(상품)
У у	ㅜ	우리글 모음 '우'에 해당
		[예] удача 우다차(성공), улица 울리짜(거리)
Ф ф	ㅎ	우리글 '히읗'과 유사 (영어의 'f' 발음)
		[예] флаг 훨라그(깃발), фонарь 훠나리(가로등)
Х х	ㅎ	우리글 '히읗'과 유사
		[예] холод 홀로드(냉기, 추위), химия 히미야(화학)

Ц ц	ㅉ	우리글 '쌍지읒'과 유사
		[예] царь 짜리(황제), цвет 쯔베뜨(색상)
Ч ч	ㅊ	우리글 '치읓'에 해당
		[예] дача 다차(별장), член 츨렌(회원)
Ш ш	ㅅ	우리글 '시읏'과 유사
		[예] шар 쇠르(공, 구슬), шахта 쇠흐따(광산)
Щ щ	ㅆ	우리글 '쌍시읏'과 유사
		[예] щель 쒤(틈, 균열), щётка 쑈뜨까(솔, 브러쉬)
Ъ ъ		음가가 없는 분리부호, 혹은 경음부호로서 앞 글자와 뒷 글자를 끊어서 발음함
		[예] объединение 옵예지녜니에
Ы ы	ㅢ	우리글 모음 '의'에 해당하며 단어의 중간이나 끝에서만 사용됨
		[예] вы 븨, 브이(당신)
Ь ь		음가가 없는 연음부호로서 부호가 붙은 앞 자음을 부드럽게 발음함
		[예] мать 마찌(어머니), любитель 류비쩰(애호가)
Э э	ㅔ	우리글 모음 '에'에 해당
		[예] этап 에따쁘(단계), экспорт 엑스뽀르뜨(수출)
Ю ю	ㅠ	우리글 모음 '유'에 해당
		[예] юг 유그(남쪽), сюжет 슈줴뜨(주제)
Я я	ㅑ	우리글 모음 '야'에 해당
		[예] яма 야마(구멍), мясо 먀소(육고기)

◎ 몇 가지 예외사항
1. 동사원형 어미인 -ть는 [-찌], -чь는 [치]로 발음
   [예] ехать 예하찌(타고가다), исправить 이스쁘라비찌(고치다), жечь 줴치(굽다)
2. 구개음화 현상으로 -де-, -ди-, -дя-, -те-, -ти-, -тя-는 각각 [-제-], [-지-], [-쟈-], [-쩨-], [-찌-], [-쨔-]로 발음
   [예] дети 제찌(어린이들), динамика 지나미까(역학), дядя 쟈쟈(아저씨), телевизор 쩰레비조르(텔레비젼), тяжесть 쨔줴스찌(인력)
3. 연음부호가 단어 가운데 있는 경우 대부분의 -тель-은 [-쩰-]로 발음
   [예] строительство 스뜨로이쩰스뜨보(건설, 건축), рентабельный 렌따벨늬(안정적인)
4. 역점(力點)이 있는 -о-는 [오]로 발음되지만, 역점이 없으면 [오]와 [아]의 중간발음을 하되, 대부분 [아]로 발음하며, 역점없는 -е-, -я-는 [이]에 가깝게 발음
   [예] молоко 말라꼬(우유), осень 오신(가을), явление 이블레니에(현상)

☞ 일러두기

◎ 표제어 찾기

1. 한국어 표제어의 배열순서는 원칙적으로 가나다순을 기준으로 함.
   [예시]   가격감정   стоимостная оценка
            가격결정   расценка

2. 한국어 표제어에서 파생되는 유사 표현은 가나다순의 배열과 별도로 중심 표제어 아래에 가나다순으로 추가 배열함.
   [예시]   계약   сделка, обязательство, контракт, договор
            고용계약   договор о найме
            권리양도계약   договор о переуступке прав

3. 러시아어 표제어의 배열순서는 알파벳순을 기준으로 함.
   동일한 표제어의 경우 표제어 다음의 명사, 형용사, 전치사+명사 순서를 알파벳순에 따라 재배열함.
   [예시]   договор   계약
            договор страховании   보험계약
            договор о фрахтовании судна   용선계약

4. 러시아어 표제어의 형용사 + 명사의 표현은 명사를 표제어로 설정하고 쉼표(,)로 구분한 후 형용사를 표기함.
   [예시]   договор, типовой   표준계약

가

가격 стоимость, цена, таска
  감정가격 оценочная стоимость
  거래가격 биржевая цена
  견적가격 расценочная стоимость, сметная стоимость, сметная цена
  결제가격 расчётная цена
  경쟁가격 конкурентная цена
  계약가격 контрактная стоимость, контрактная цена
  계절가격 сезонная цена
  고정가격 твёрдая цена
  공장가격 заводская цена, фабричная цена
  교환가치 меновая стоимость
  구매가격 покупная цена
  구매자가격 цена покупателя
  국제시장가격 цена мирового рынка
  균등가격 паритетная цена
  기본가격 базисная цена
  납입가격 стоимость вклада
  단일가격 единая цена
  대외무역가격 внешнеторговая цена
  덤핑가격 бросовая цена
  도매가격 оптовая цена
  독점가격 монопольная цена
  매도가격 продажная цена
  매도자가격 цена продавца
  매수가격 покупная цена
  매수자가격 цена покупателя

목록가격	прейскурантная цена
무역가격	торговая цена
보증가격	гарантированная цена
보험가격	застрахованная стоимость
비교가격	сопоставимые цены
상품 및 서비스가격	стоимость товаров и услуг
소매가격	розничная цена
송장가격	фактурная стоимость, фактурная цена
수입가격	импортная цена
수출가격	экспортная цена
순가격	цена нетто, чистая стоимость
시장가격	рыночная стоимость, рыночная цена
신축가격	скользящая цена
실제가격	реальная стоимость
액면가격	нарицательная стоимость, номинальная стоимость
약정가격	договорная цена
요율가격	тарифная цена
우대가격	льготная цена
운송가격	стоимость транспортировки
잉여가격	остаточная стоимость
잔여가격	остаточная стоимость
적정가격	позиционная цена
정부가격	государственная цена
지역가격	зональная цена
청산가격	ликвидационная стоимость
총가격	паушальная цена
추가가격	цена с надбавкой
판매가격	продажная цена, реализационная цена
판매자가격	цена продавца
평가가격	оценочная стоимость

	평균가격	балансовая стоимость
	표준가격	нормативная стоимость
	할인가격	цена со скидкой
	할증가격	цена с надбавкой
	합의가격	договорная стоимость, договорная цена
	현물가격	цена спот
가격감정		стоимостная оценка
가격결정		расценка
가격결정통지서		расценочная ведомость
가격경쟁		ценовая конкуренция
가격경쟁력		конкурентоспособность по цене
가격고정		фиксация цен
가격나선형		спираль цен
가격단위		единица стоимости
가격동결		замораживание цен
가격명세서		расценочная спецификация
가격변경		поправка в цене
가격변동		динамика цен
가격보상		возмещение суммы
가격상승에 관한 약관		оговорка о повышении цен
가격양보		уступка в цене
가격의 단계적 인상		эскалация цен
가격인상		повышение цен, наценка
	거래가격인상	торговая наценка
	상품가격인상	товарная наценка
	소매가격인상	розничная наценка
	운송가격인상	транспортная наценка
가격인하		снижение цен, уценка
가격전쟁		война цен
가격정책		политика цен

가격조건　условия платежа
　공장인도가격　франко-завод
　국경화차인도가격　франко-вагон граница
　도크인도가격　франко-док
　만(灣)인도가격　франко-гавань
　바지선인도가격　франко-баржа
　박람회장인도가격　франко-выставка
　벙커인도가격　франко-бункер
　본선인도가격 (FOB)　франко-борт
　본선적재인도가격　франко-борт и штивка
　부두인도가격　франко-пристань
　선측인도가격　франко вдоль борта судна
　지정역인도가격　франко-железнодорожная станция назначения
　지정항인도가격　франко-порт назначения
　차량인도가격　франко-грузовик
　창고인도가격　франко-склад
　탱크인도가격　франко-резервуар
　탱크인도가격　франко-цистерна
　통선인도가격　франко-лихтер
　플랫폼인도가격　франко-железнодорожная платформа
　하역항선박환삭인도가격　франко-строп судна в порту разгрузки
　항공기인도가격　франко-борт самолёта
　해안인도가격　франко-набережная
　현장인도가격　франко-место нахождения
　화차인도가격　франко-вагон
가격차액　разница в ценах
가격통화　валюта цены
가격표　прейскурант
　광고가격표　рекламный прейскурант
　기본가격표　базисный прейскурант

상품가격표　прейскурант на товары
표준가격표　стандартный прейскурант
가격프레미엄　надбавка к цене
가격하락에 관한 약관　оговорка о падении цен
가격할인　скидка с цены
가격할인(상품의 파손으로 인한)　рефакция
가격형성　ценообразование
가공　разработка
가공업　обрабатывающая промышленность
가동　ввод в эксплуатацию
가동시험　эксплуатационные испытания, пусковые испытания
가산이자　начисленные проценты
가지급금　подотчётная сумма
가치　стоимость, ценность
　담보가치　заложенные ценности
　상품자재가치　товарно-материальные ценности
　자재가치　материальные ценности
　재산가치　имущественные ценности
　화폐가치　валютные ценности
...까지 유효한 신용장　акредитив сроком действия на ...
간접비용　косвенные издержки, косвенные расходы
간접세　косвенный налог
간접손실　косвенные убытки, косвенный ущерб
간행물　журнал
　등록간행물　регистрационный журнал
　무역간행물　отраслевой журнал
　복합간행물　монтажный журнал
　해운간행물　судовой журнал
감가상각　амортизация
감가상각공제금　амортизационные отчисления

감가상각비용　амортизационные расходы
감가상각적립금　амортизационный фонд
감독　надзор
감독관　ревизор
감독권　контрольное право
감독요원　шефперсонал
감사　проверка, ревизия
　문서감사　проверка ведения документации
　서류감사　проверка ведения документации
　재무감사　проверка финансового положения
　회계장부감사　проверка ведения бухгалтерского учёта
감사관　ревизор, аудитор
감사권　контрольное право
감사보고　ревизионный отчёт
감사수수료　ревизионная комиссия
감소　убыль
감정　оценка, экспертиза
감정가　эксперт
감정가격　оценочная стоимость
감정소견서　заключение эксперта
감정수수료　экспертная комиссия
감정인　сюрвейер
감정증서　акт экспертизы
감정평가수수료　оценочная комиссия
감춰진 손상　скрытая порча
갑판적재화물　палубный груз
강제어음교환　принудительный клиринг
개발　разработка, развитие
개발특허　патент на усовершенствование
개발프로그램　программа развития

개방계정　открытый счёт
개방계좌식결제　расчёт в форме открытого счёта
개방융자　открытый кредит
개방항　открытый порт
개설의뢰인　заявитель
개인계좌　лицевой счёт
개인기업　частное предприятие
개인수요　потребность в персонале
개인자본　собственный капитал
개인자산　частная собственность
개인투자　частные инвестиции
개인허가　индивидуальная лицензия
개인회사　частная компания
개장시세　котировка при открытии биржи, курс при открытии биржи
개정　ревизия
개정규범　прогрессивные нормативы
거래　сделка
　경매거래　аукционная сделка
　금융거래　финансовая сделка
　기금거래　фондовая сделка
　기한부거래　сделка на срок
　대외무역거래　внешнеторговая сделка
　매매거래　купли-продажи сделка, торговая сделка
　바터거래　бартерная сделка
　보상거래　компенсационная сделка
　분할지불거래　сделка с платежом в рассрочку
　상업거래　коммерческая сделка
　선물(先物)거래　фьючерсная сделка
　수출거래　экспортная сделка

스왑거래　обменная сделка
시장거래　рыночная сделка
양자거래　двусторонняя сделка
역거래　обратная сделка
연계거래　встречная сделка
외환거래　валютная сделка
운임계약　фрахтовая сделка
위탁판매거래　консигнационная сделка
은행거래　банковская сделка
재수출거래　реэкспортная сделка
주식거래　биржевая сделка
중개거래　посредническая сделка
즉시공급거래　сделка с немедленной поставки
추심거래　инкассовая сделка
콜거래　онкольная сделка
투기거래　спекулятивная сделка
할인거래　учётная сделка
허가거래　лицензионная сделка
현물거래　сделка на наличный товар, сделка на реальный товар
거래가격　биржевая цена
거래가격인상　торговая наценка
거래공고　биржевой бюллетень
거래관계　корреспондентские отношения, торговые связи
거래상품　биржевые товары
거래소　биржа
　고무거래소　каучуковая биржа
　곡물거래소　зерновая биржа, хлебная биржа
　공식거래소　официальная биржа
　금속거래소　биржа металлов
　농산물거래소　биржа сельскохозяйственных товаров

등록거래소	зарегистрированная биржа
목재거래소	лесная биржа
목화거래소	хлопковая биржа
보험거래소	фрахтовая биржа
비공식거래소	неофициальная биржа
상품거래소	товарная биржа
설탕거래소	биржа сахара
외환거래소	валютная биржа
유가증권거래소	биржа ценных бумаг
주식거래소	фондовая биржа
철강거래소	биржа металлов
카카오거래소	биржа какао
커피거래소	биржа кофе
거래소붐	биржевой бум
거래소업무	биржевые операции
거래소판매	биржевая продажа
거래시세	биржевая котировка, биржевой курс
거래조건	коммерческие условия
거래중개	торговое посредничество
거래중개인	биржевой брокер, торговый посредник
거래지급	торговые платёжи
거래청산	ликвидация сделок
거래통화	валюта сделки
거래할인	торговая скидка
거래활동	торговые операции
거부권	право вето
건설공사도급	подряд на выполнение строительных работ
건설보수위험보험	страхование строительно-монтажных рисков
건설프로젝트	проект строительства
건조중량	вес в сухом состоянии

건축-보수회사　строительно-монтажная фирма
검량인　весовщик
검사　экспертиза, ревизия, проверка, осмотр, контроль,
　　　инспекция, инспектирование, досмотр, приёмка, бракераж
　계좌검사　проверка счетов
　규정검사　регламентная проверка
　발명품유용성검사　проверка изобретения на полезность
　보관검사　проверка хранения
　생산환경검사　проверка в производственных условиях
　선별검사　выборочная проверка
　설비준비과정검사　проверка хода изготовления оборудования
　세관검사　таможенный досмотр
　수량검사　проверка количества
　수하물검사　досмотр багажа
　신용능력조사　проверка кредитоспособности
　위생검역검사　санитарно-карантинный досмотр
　전문검사　инспекционная проверка
　정규근무시간중검사　проверка в нормальное рабочее время
　특허성검사　проверка патентоспособности
　품질검사　проверка качества
　현장검사　проверка на месте
　현행검사　текущая проверка
　화물검사　досмотр груза
검사규정　правила проверки
검사수수료　сювейерский сбор
검사시험　пробные испытания, контрольные испытания
검사인　инспектор
검사자　эксперт
검사중량　контрольный вес
검사증(세관)　досмотровая роспись

검사증서	акт осмотра
검산	пересчёт, перерасчёт
검수	инспекция, осмотр
검수인	тальман
검수인검사	сюрвейерный осмотр
검수장	тальманский лист
검수증	тальманская расписка
검역료	карантинный сбор
검역소	карантин
검역증명서	карантинное свидетельство
게시	бюллетень
견본	образец
무상견본	бесплатный образец
박람회견본	выставочный образец
산업견본	промышленный образец
서명견본	образец подписи
소개견본	ознакомительный образец
시험견본	испытательный образец, опытный образец
실물크기견본	образец в натуральную величину
연속견본	серийный образец
특허품견본	запатентованный образец
견본구매	покупка по образцам
견본물품	пробный партнёр
견본식홍보판매	продажа по образцу
견본주문	заказ по образцу
견본채취	отбор проб
견본첩	книга образцов
견본훼손	загрязнение образцов
견인	буксировка
견인선	буксир

견적　смета, проформа
견적가격　сметная стоимость, сметная цена, расценочная стоимость
견적비용　сметные расходы, сметные издержки
견적서작성　сметная документация
견적원가　сметная себестоимость
견적이익　сметная прибыль
결산　отчёт
결산서작성　расчётная документация
결산업무　расчётное обслуживание
결산연도　отчётный год
결손　дефицит
결제　плата, покрытие, расчёт
 개방계좌식결제　расчёт в форме открытого счёта
 계정결제　покрытие счёта, покрытие задолженности по счёту
 국제결제　международные расчёты
 다자간결제　многосторонные расчёты
 라이센스약정식결제　расчёт по лицензионным соглашениями
 무환결제　безналичный расчёт
 보험결제　страховое покрытие
 상호결제　взаимные расчёты
 서류추심식결제　расчёт в форме документарного инкассо
 선불식결제　расчёт в форме авансовых платежей
 수출입업무결제　расчёт по экспортно-импортным операциям
 수표식결제　расчёт в форме чеков
 신용결제　расчёт в кредит
 신용장결제　покрытие аккредитива
 신용장결제　расчёт аккредитивами
 신용장서류식결제　расчёт в форме документарного аккредитива
은행이체식결제　расчёт в форме банковского перевода
 지불요구에 의한 결제　расчёт платёжными требованиями

지불의뢰에 의한 결제   расчёт платёжными поручениями
  통화결제   валютное покрытие
  특별계좌결제   расчёт с особых счетов
  현금결제   наличный расчёт
결제가격   расчётная цена
결제계정   расчётный баланс, расчётный счёт
결제서류   расчётные документы
결제수단   средства платежа
결제수표   расчётный чек
결제업무   расчётные операции
결제원   расчётная палата
결제율   расчётный курс
결제일   день платежа
결제증   расчётный лист
결제통지(서)   авизо
결제통화   клиринговая валюта, валюта платежа, валюта расчёта
결제협약   платёжное соглашение
결함   дефект, порок
경기   конъюнктура
경기변동   конъюнктурные колебания
경기전망   конъюнктурные прогнозы
경력   опыт
경로   маршрут
경리   касса
경리원   бухгалтер
경매   аукцион, продажа с аукциона, торги
  국제경매   международный аукцион
  모피경매   пушной аукцион
  목재경매   лесной аукцион
  상품경매   товарный аукцион

경매거래	аукционная сделка
경매규정	аукционные правила
경매목록	каталог аукциона
경매중개인	аукционный брокер
경매판매	аукционная продажа
경영	менеджмент
경영인	менеджер
경영자문	консалтинг
경영컨설팅	методические консультации
경영활동	хозяйственная деятельность
경영활동프로그램	программа хозяйственной деятельности
경쟁	конкуренция, состязательность
경쟁가격	конкурентная цена
경쟁기업	конкурирующее предприятие
경쟁력	конкурентоспособность
가격경쟁력	конкурентоспособность по цене
국제경쟁력	международная конкурентоспособность
상품 및 서비스경쟁력	конкурентоспособность товаров и услуг
경쟁상품	конкурентоспособный товар
경쟁입찰	тендер
경쟁자	конкурент
경쟁제품	конкурентоспособная продукция
경제	экономика
국가경제	национальная экономика
상품경제	товарная экономика
세계경제	мировая экономика
시장경제	рыночная экономика
경제관계	экономические отношения, хозяйственные связи
경제다변화	диверсификация экономики
경제문제전문가	эксперт по экономическим вопросам

경제보이코트　экономический бойкот
경제봉쇄　экономическая блокада
경제붐　экономический бум
경제성　экономическая эффективность
경제성분석　анализ экономической эффективности
경제수요　экономические потребности
경제위기　экономический кризис
경제위원회　экономическая комиссия
경제장려　экономический стимул
경제적집적　экономическая интеграция
경제전쟁　экономическая война
경제정책　экономическая политика, режим экономии
경제제재　экономические санкции
경제지대　экономическая зона
경제지수　норматив
경제진흥기금　фонд экономического стимулирования
경제촉진　экономическое стимулирование
경제표준규범　экономические нормативы
경제협력　экономическое сотрудничество
경제협력개발기구 (OECD)　Организация экономического сотрудничества и развития [ОЭСР]
경제효과　экономический эффект
경험　опыт
경화　твёрдая валюта, конвертируемая валюта
계산　калькуляция, касса, отчёт, расчёт
계산단위　расчётная единица
계산서　счёт
계산서인수　акцепт счёта
계상이익　расчётная прибыль
계약　сделка, обязательство, контракт, договор

고용계약　договор о найме
권리양도계약　договор о переуступке прав
나용선계약　договор о фрахтовании судна без экипажа
다자계약　многосторонний договор
단기계약　краткосрочный контракт
대리점계약　агентский договор
대외무역계약　внешнеторговый контракт
도급계약　договор подряда
라이센스계약　лицензионный договор
매매계약　договор купли-продажи, контракт купли-продажи
무역계약　договор о торговле, торговый договор
보상조건부계약　контракт на компенсационных условиях
보험계약　договор страховании
상품공급계약　контракт на поставки продукции
상호공급계약　контракт на взаимные поставки
생산협력계약　договор о производственной кооперации
서어비스계약　контракт на оказание услуг
선물계약　контракт фьючерсный
신용계약　кредитный договор
양자계약　двусторонний договор
완성품인도방식계약　контракт на строительство под ключ
용선계약　договор о фрахтовании судна
용역계약　контракт на оказание услуг
운송계약　договор о передаче
위탁판매계약　договор консигнации
일괄계약　аккордный контракт
일괄도급계약　контракт на строительство под ключ
일반계약　генеральный контракт
임대차계약　договор аренды
장기계약　долгосрочный договор, долгосрочный контракт

전문화 및 생산협력에 관한 계약	договор о специализации и кооперировании производства
턴키베이스(turnkey base)계약	контракт на строительство под ключ
표준계약	типовой договор
해상보험계약	договор морского страхования
해상운송계약	договор морской перевозки
협력계약	договор о сотрудничестве
계약서	контракт, договор
계약가격	контрактная стоимость, контрактная цена
계약공급	договорные поставки
계약금	задаток
계약당사자	контрагент, договаривающиеся стороны
계약미이행	неисполнение контракта
계약변경	изменение к контракту
계약보증	договорные гарантии
계약분쟁	спор по контракту
계약서조항	статья контракта
계약서초안	проект договора, проект контракта
계약연장	продление соглашения
계약으로 정한 정선시간	сталийное время
계약의 고유부	неотъемлемая часть договора
계약의무	контрактные обязательства
계약의무이행	выполнение договорных обязательств
계약이행	исполнение договора
계약재이행	новация договора
계약정정	поправка к контракту
계약조건	условия контракта
계약지급	выплата по контракту
계약첨부물	приложение к контракту
계약청산	ликвидация контракта

계약체결	контрактация
계약추가사항	дополнение к контракту
계약취소	аннулирование контракта
계약파기	расторжение контракта
계약항	договорный порт
계약해지금	договорная неустойка
계약형식	проформа контракта
계약화물	контрактный груз
계약화폐	валюта контракта
계열기업	подконтрольное предприятие
계절가격	сезонная цена
계절변동에 따른 수정	поправка на сезонные колебания
계절세	сезонная пошлина
계절수요	сезонные потребности
계절예비품	сезонные запасы
계절판매	сезонная распродажа
계절프레미엄	сезонная надбавка
계정	баланс, счёт
개방계정	открытый счёт
교환계정	клиринговый счёт
노스트로계정	счёт ностро
당좌계정	контокоррентный счёт, текущий счёт
로로계정	счёт лоро
무이자계정	беспроцентный счёт
비용계정	расходный счёт
선급계정	авансовый счёт
은행계정	банковский счёт
콜계정	онкольный счёт
회계계정	балансовый счёт
계정결제	покрытие задолженности по счёту, покрытие счёта

계정부채　дебет счёта
계정통화　валюта счёта
계정항목　статья баланса
계좌　счёт
　개인계좌　лицевой счёт
　결제계좌　расчётный счёт
　공급인계좌　счёт поставщика
　기한초과대출계좌　счёт просроченных ссуд
　대리계좌　корреспондентский счёт
　대출계좌　ссудный счёт
　루블화계좌　рублёвый счёт
　매수인계좌　счёт покупателя
　수익손실계좌　счёт прибылей и убытков
　신용계좌　кредитный счёт
　예금계좌　депозитный счёт
　외환계좌　валютный счёт, инвалютный счёт
　은행계좌　счёт в банке
　저축계좌　сберегательный счёт
　정지계좌　блокированный счёт
　지급계좌　дисбурсментский счёт
　특별계좌　особый счёт, специфицированный счёт
계좌개설　открытие счёта
계좌개설신청서　заявление на открытие счёта
계좌개설에 따른 지급　платёж по открытому счёту
계좌검사　проверка счетов
계좌대부　кредит счёта
계좌예금자금　хранящиеся средства на счетах, депонированные средства на счёте
계좌이체　перечисление на счёт
계좌정지해제　разблокирование счёта

계획　график, план, проект
　공급계획　план поставок
　당면계획　текущий план
　수익성계획　план прибыли
　수출입계획　план экспорта и импорта товаров
　유엔개발계획（UNDP）　Программа развития ООН
　총계획　сводный план
　향후계획　перспективный план
　회전계획　план оборота
계획서　календарный график
계획실행　выполнение плана
계획입안자　проектировщик
계획재고　плановые запасы
계획초과재고　сверхплановые запасы
계획표　расписание
고가화물　ценый груз
고객　клиент
고급품　марочные изделия
고무거래소　каучуковая биржа
고소인　истец
고소장　исковое заявление
고수익기업　высокорентабельное предприятие
고시　бюллетень
고시율　справочный курс
고용　наём
고용계약　договор о найме
고유상품　фирменные товары
고정가격　твёрдая цена
고정소득　фиксированный доход
고정율　твёрдый курс

고정자본　основной капитал
고정자산　блокированные авуары, неликвидные активы
고정전문용어　закреплённая номенклатура
고정통화(미달러화 기준)　привязанная валюта
고정평가　твёрдый паритет
고정환율　твёрдый курс
곡물거래소　зерновая биржа, хлебная биржа
공고　бюллетень
　거래공고　биржевой бюллетень
　무역공고　торговый бюллетень
　시세공고　курсовой бюллетень
공공기관　учреждение
공급　поставка, снабжение
　계약공급　договорные поставки
　공동공급　кооперативные поставки
　공장인도조건부공급　поставка на условиях франко-завод
　기내인도조건부공급　поставка на условиях ФОБ аэропорта
　매도인측국경화차인도조건부공급　поставка на условиях франко-вагон граница страны продавца
　박람회장인도조건부공급　поставка на условиях франко-выставка
　변상공급　компенсационные поставки
　본선인도조건부공급 (FOB)　поставка на условиях ФОБ
　부분적공급　поставка партиями
　분할공급　частичная поставка
　사전공급　досрочная поставки
　상호공급　взаимные поставки
　수입공급　импортные поставки
　수출공급　экспортные поставки
　수출입공급　поставки, экспортно-импортные поставки
　신용조건부공급　поставка на условиях кредита

운임보험료포함인도조건부공급（CIF） поставка на условиях СИФ
운임포함인도조건부공급（C&F） поставка на условиях КАФ
의무공급　обязательные поставки
일괄공급　поставка под ключ
일회공급　разовая поставка
종합공급　комплектные поставки
즉시공급　немедленная поставка
턴키공급　поставка под ключ
공급계획　план поставок
공급공장　завод-поставщик
공급기초　базис поставки
공급기한　срок поставки
공급기한초과　просрочка поставки
공급량　объём поставки
공급범위　комплектация
공급부족　недостача в поставке
공급수량부족　недопоставка
공급연기　отсрочка поставки
공급오퍼　предложение на поставку
공급의무　обязательства по поставкам
공급인계좌　счёт поставщика
공급일정　график поставок
공급자　поставщик
공급자에 대한 선불　аванс поставщику
공급조건　условия поставки
공급지체　задержка в поставке
공급항　порт доставки, порт поставки
공급허가　разрешение на поставку
공동공급　кооперативные поставки
공동박람회　совместная выставка

공동배서	совместный индоссамент
공동보험	взаимное страхование
공동시설	пул
공동연맹	совместное объединение
공동전시	совместная экспозиция
공동화폐	коллективная валюта
공산품수입자	импортёр промышленных товаров
공소	протест
공소권	право обжалования
공소시효	исковая давность
공식거래소	официальная биржа
공식검량인	официальный весовщик
공식상품	представительские товары
공식환율환산	пересчёт по официальному курсу
공업단지	промышленный комплекс
공유자	совладелец
공인감정평가사	официальный оценщик
공인검량인	присяжный весовщик
공장	завод
공급공장	завод-поставщик
생산공장	завод-изготовитель
제조공장	завод-изготовитель
공장-생산자 검사	инспектирование на заводе-изготовителе
공장가격	заводская цена, фабричная цена
공장검사	заводская приёмка
공장교범	заводские инструкции
공장규범	заводские нормативы
공장등록부	заводской регистр
공장시험	заводские испытания
공장시험조서	протокол заводского испытания

공장인도가격　франко-завод
공장인도조건부공급　поставка на условиях франко-завод
공장제품　фабричные изделия
공장포장　одская упаковка
공장표준　заводской стандарт
공제　вычет, удержание
　세금공제　удержание налога
　지불공제　удержание из платежей
공제금　отчисления
　감가상각공제금　амортизационные отчисления
　국가예산공제금　отчисления в государственный бюджет
　납세전이익공제금　отчисления от прибыли до налогообложения
　납세후이익공제금　отчисления от прибыли после налогообложения
　수수료공제금　комиссионные отчисления
　예비기금공제금　отчисления в резервный фонд
　이익공제금　отчисления от прибыли
　이자공제금　процентные отчисления
　통화공제금　валютные отчисления
공제액　отчисления
공증　заверение
공증사본　заверенная копия
공증서류　правовые документы
공탁금　депозит
공하운임　мёртвый фрахт
공항　аэропорт
과거반출상품의 반입　ввоз ранее вывезенных товаров
과거수출상품의 수입　ввоз ранее вывезенных товаров
과세　налогообложение
과세소득　облагаемый доход налогом
과세이윤액　сумма облагаемой прибыли

과세이익　облагаемая прибыль
과세증명서　налоговый сертификат
과세항구　налоговая гавань
과실당사자　виновная сторона
과잉생산　затоваривание
과태료　пеня, штраф
과태료제재　штрафные санкции
과태료징수　взыскание пени
관계　связь, отношение
　거래관계　корреспондентские отношения, торговые связи
　경제관계　хозяйственные связи, экономические отношения
　대외경제관계　внешнеэкономические отношения, внешнеэкономические связи
　대외무역관계　внешнеторговые связи
　상호이익관계　взаимовыгодные отношения
　생산관계　производственные связи
　세계경제관계　мирохозяйственные связи
　신용관계　кредитные отношения
　약정관계　договорные отношения
　업무관계　деловые отношения, деловые связи
　직접관계　прямые связи
　협력관계　кооперационные связи
관광　туризм
관광객　турист
관광대리점　туристическое агентство
관광비자　туристская виза
관광사증　туристская виза
관광서어비스　туристское обслуживание
관광여행　тур
관례　обычай

   국제관례   международные обычаи
   무역관례   торговое обыкновение, торговые обычаи
   항만관례   портовые обычаи
관리   управление, менеджмент, надзор
관리경력   управленческий опыт
관리국장   управляющий
관리기관   управления орган, администрация
관리요원   шефперсонал
관리인   менеджер
관세   таможенная пошлина, таможенный налог, тариф, таможенный тариф
   국제관세   международный тариф
   금지관세   запретительная пошлина, запретительный тариф
   단일관세   единовременная пошлина, одноколонный тариф
   반입관세   ввозная пошлина
   반출관세   вывозная пошлина
   보복관세   карательная пошлина
   보상관세   компенсационная пошлина
   보호관세   покровительственная пошлина, покровительственный тариф
   복률관세   многоколонный тариф
   비금지관세   незапретительный тариф
   수입관세   ввозная пошлина, импортная пошлина, импортный тариф
   수출관세   вывозная пошлина, экспортная пошлина, экспортный тариф
   신축관세   скользящий тариф
   우대관세   льготная пошлина, льготный тариф
   이중관세   двухколонный тариф
   종가세   пошлина ад валорем
   종량세   специфическая пошлина
   차등관세   дифференциальная пошлина

차별관세	디스크리미나치온나야 пошлина
통과관세	сквозной тариф, транзитный тариф, транзитная пошлина
특혜관세	преференциальная пошлина
협정관세	конвенционная пошлина, конвенционный тариф
환급관세	возвратная пошлина

관세부과　таможенное обложение
관세우대　таможенные льготы
관세율　ставки таможенных пошлин, налоговый тариф
관세율추가요금　надбавка к ставкам таможенных пошлин
관세전쟁　таможенная война
관세제한　тарифные ограничения
관세징수　взыскание пошлин
관청　ведомство
관청훈령　ведомственные инструкции
광고　реклама

 국내광고　внутренняя реклама
 대외무역광고　внешнеторговая реклама
 라디오광고　реклама средствами радио
 상업광고　коммерческая реклама, торговая реклама, товарная реклама
 수출광고　экспортная реклама
 시청각광고　аудио-визуальная реклама
 신문광고　газетная реклама
 실외광고　наружная реклама
 영화광고　реклама средствами кино
 인쇄광고　печатная реклама
 잡지광고　журнальная реклама
 전시광고　изобразительная реклама
 출판광고　реклама в процесс
 텔레비전광고　реклама средствами телевидение
광고가격표　рекламный прейскурант

광고국	рекламное бюро
광고대리점	рекламное агентство
광고서어비스	рекламные услуги
광고주	рекламодатель
광고지출금	ассигнования на рекламу
광고첨부물	рекламное приложение
광고팜플렛	рекламный буклет, рекламный проспект
광고홍보	рекламное объявление
광고회사	рекламная компания, рекламная фирма
광범위	широкий ассортимент
교범	инструкция
교부	выдача
교섭	контакт
교역망	торговая сеть
교역장려	стимулирование торговли
교역조건	условия торговли
교역파트너	партнёр по торговле
교역화물	торговый груз
교차허가	перекрёстная лицензия, перекрёстное лицензирование
교통로	пути сообщения
교호계산	контокоррент
교환	обмен
기술교환	обмен технологией
대외무역거래	внешнеторговый обмен
라이센스교환	обмен лицензиями
물물교환	бартерный обмен
비동일가치교환	неэквивалентный обмен
상업목적교환	обмен на коммерческой основе
상품교환	товарный обмен
상호필요물품교환	обмен взаимодополняющей продукцией

직접교환　прямой обмен
화폐교환　обмен валюты
교환가치　меновая стоимость
교환계정　клиринговый счёт
교환부품　сменные части
교환식권리재양도　переуступка права путём обмена
교환율　обменный курс
교환평가　обменный паритет
구매　покупка, закупка
　견본구매　покупка по образцам
　기한부구매　покупка на срок
　대량구매　массовые закупки
　대응구매　встречные закупки
　분할구매　покупка в рассрочку
　소매구매　покупка в розницу
　신용구매　покупка в кредит
　정부구매　государственные закупки
　중개구매　покупка через посредника
　중량구매　покупка на вес
　창고구매　покупка со склада
　특별구매　экстренная закупка
　현금구매　покупка за наличные
구매가격　покупная цена
구매대리인　агент по закупкам
구매력　покупательная сила, покупная способность
구매수요　покупательный спрос
구매옵션　опцион на закупку
구매자　покупатель
구매자가격　цена покупателя
구매자계좌에서 판매자계좌로의 송금　перевод со счёта покупателя

　　　　　　　　　на счёт поставщика
구매자시장　рынок покупателя
구매자책임　ответственность пакупателя
구매자측관심　интересы покупателей
구매잠재력　покупной потенциал
구매프로그램　программа закупок
구상무역　компенсационная торговля
구성원　член
구역　зона
국가간협정　межгосударственный договор
국가감독　государственный надзор
국가검사　государственная приёмка
국가경제　национальная экономика
국가독점　государственная монополия
국가무역　государственная торговля
국가보험　государственное страхование
국가시험　государственные испытания
국가심사　государственная экспертиза
국가예비금　государственные резервы
국가예산　государственный бюджет
국가예산공제금　отчисления в государственный бюджет
국가융자　государственный кредит
국가전시　национальная экспозиция
국가조달　государственные поставки
국가주문　государственный заказ
국가중재　государственный арбитраж
국가증명서　государственная аттестация
국가측정검사　поверка средств измерений, государственная
국가통화　национальная валюта
국가투자　государственные инвестиции

국가표준   государственный стандарт
국가표준검사   госнадзор за стандартами
국가표준화   государственная стандартизация
국경무역   приграничная торговля, приграничный обмен
국경세관   пограничная таможня
국경지역   пограничная зона
국경지점   пограничный пункт
국경화물통과   пропуск товаров через границу
국경화물통과허가제도   разрешительная система пропуска товаров через границу
국경화차인도가격   франко-вагон граница
국내광고   внутренная реклама
국내생산   отечественное производство
국내운송회사   внутренный перевозчик
국내총생산(GDP)   валовой внутренний продукт [ВВП]
국내출품자   отечественный экспонент
국립박람회   национальная выставка
국립은행   национальный банк
국민소득   национальный доход
국세   государственная пошлина, государственный налог
국영기업   государственное предприятие
국영대리점   государственное агентство
국영은행   государственный банк
국외생산   иностранное производство
국외여권   заграничный паспорт
국유자산   государственная собственность
국자자금조달   государственное финансирование
국제개발연맹(IDA)   Международная ассоциация развития [МАР]
국제결제   международные расчёты
국제결제은행(BIS)   Банк международных расчётов

국제경매	международный аукцион
국제경쟁력	международная конкурентоспособность
국제관례	международные обычаи
국제관세	международный тариф
국제금융경기	мировая финансовая конъюнктура
국제금융공사 (IFC)	Международная финансовая корпорация [МФК]
국제금융시장율	ставки мирового денежного рынка
국제기구	международная организация
국제노동국	международное разделение труда
국제노동기구 (ILO)	Международная организация труда [МОТ ООН]
국제농업개발기금 (IFAD)	Международный фонд сельскохозяйственного развития [ИФАД]
국제독점	международная монополия
국제무역센터	центр международной торговли
국제민간항공기구 (ICAO)	Международная организация гражданской авиации [ИКАО]
국제박람회	международная выставка
국제부흥개발은행 (IBRD)	Международный банк реконструкции и развития [МБРР]
국제사법재판소 (ICJ)	Международный суд ООН
국제시장	международная ярмарка
국제시장가격	цена мирового рынка
국제시장수요경기	конъюнктура спроса на мировых рынках
국제에너지기구(IEA)	Международное энергетическое агентство
국제연맹	международное объединение
국제연합 (UN)	Организация Объединенных Наций [ООН]
국제올림픽연맹 (IOC)	Международный олимпийский комитет [МОК]
국제운송	международные перевозки
국제원자력기구(IAEA)	Международное агентство по атомной энергии [МАГАТЭ]

국제은행	международный банк
국제의무	международные обязательства
국제입찰	международный тендер
국제적십자위원회 (ICRC)	Международный комитет Красного Креста [МККК]
국제전문화	международная специализация
국제중재	международный арбитраж
국제철도운송협정 (COTIF)	соглашение о международных железно-дорожных перевозках [КОТИФ]
국제철도통과운임	Международный железнодорожный транзитный тариф
국제통화	ключевая валюта, международная валюта
국제통화기금 (IMF)	Международный валютный фонд [МВФ]
국제통화기금 특별인출권 (SDR)	СДР
국제표준	международный стандарт, международные аналоги
국제표준무역분류	Международная стандартная торговая классификация
국제표준산업분류	Международная стандартная отраслевая классификация
국제표준화기구 (ISO)	Международная организация по стандартизации [МОС]
국제협력조합	международная кооперация
국제협약	международное соглашение, международная конвенция
국제협정	международный договор
국채	государственный заём
권(卷)	экземпляр
권리	право
감독권	контрольное право
감사권	контрольное право
거부권	право вето
공소권	право обжалования

대리권	право суброгации
대리점권	агентское право
독점권	монопольное право, исключительное право
발명권	изобретательское право
법인권리	право юридического лица
법적권리	законное право, юридическое право
사용권	право пользования
사전이용권	право преждепользования
산업재산권	право на промышленную собственность
상환청구권	право регресса
서명권	право подписи
소유권	право собственности
우선구매권	право преимущественной покупки
우선권	право приоритета, преимущественное право
이전권	право переадресовки
재산권	имущественное право
저당권	залоговое право
저작권	авторское право
저항권	право протеста
특허권	патентное право
해외시장진출권	право выхода на внешние рынки
허가권	лицензионное право
화물담보권	право удержания груза
화물선취권	право удержания груза
화물처분권	право распоряжения грузом
권리보호	правовая защита
권리양도	передача прав, правопередача, уступка права
권리양도계약	договор о переуступке прав
권리재양도	переуступка права
규격	размер

규범   норма, нормативы
  개정규범   прогрессивные нормативы
  경제표준규범   экономические нормативы
  공장규범   заводские нормативы
  수출입규범   нормирование ввоза и вывоза
  지사규범   отраслевые нормативы
  지역규범   местные нормативы
  표준규범   типовые нормативы
규정   правило, предписания, регламент, режим
  검사규정   правила проверки
  경매규정   аукционные правила
  법률규정   правовые предписания
  세관규정   таможенные предписания, таможенный режим
  외환규정   валютные предписания
  최혜국우대규정   режим наибольшего благоприятствования
규정검사   регламентная проверка
규정기간   установленный срок
규칙   регламент
균등가격   паритетная цена
균형   баланс
금리대출   процентная ссуда, ссуда под проценты
금보유고   золотой запас
금본위   золотой стандарт
금속거래소   биржа металлов
금속소요량   металлоёмкость
금액   стоимость, сумма
  가지급금액   подотчётная сумма
  과세이윤액   сумма облагаемой прибыли
  납입금액   вкладная сумма
  보증금액   гарантийная сумма

보험금액	страховая сумма
소송금액	исковая сумма, паушальная сумма
순금액	чистая сумма
액면금액	нарицательная сумма, номинальная сумма
이윤액	сумма прибыли
전도금액	подотчётная сумма
지불금액	причитающаяся сумма
체납금액	сумма недоимки
초과지급금액	излишне уплаченная сумма
총금액	итоговая сумма
해약금액	отступная сумма
금액청구	взыскание суммы
금액환급	возврат суммы
금융거래	финансовая сделка
금융결제센터	расчётный центр
금융계	финансовые круги
금융보이코트	финансовый бойкот
금융비용	финансовые расходы
금융비축분	финансовые резервы
금융손실	финансовые потери
금융수익	финансовая выгода
금융어음	финансовый вексель
금융업무	финансовые операции
금융우대	финансовые льготы
금융위험	финансовой риск
금융재원	финансовые ресурсы
금융적자	финансовый дефицит
금융제도	банковская система
금융제재	финансовые санкции
금융한도	лимит финансирования

금융협약　финансовое соглашение
금전　деньги
금전단위　денежная единица
금전대출　денежная ссуда
금전보상　денежная компенсация, денежное вознаграждение
금전보상지급　выплата денежного возмещения
금전보증　обеспечение денег
금전소득　денежный доход
금전손실　денежные убытки, денежный ущерб
금전송달　пересылка денег
금전수령인　получатель денег
금전수취영수증　квитанция в получении денег
금전정산　денежный учёт
금전지출　денежные затраты
금지　запрещение
　반입금지　запрещение ввоза, запрещение на импорт
　반출금지　запрещение вывоза, запрещение на экспорт
　수입금지　запрещение ввоза, запрещение на импорт
　수출금지　запрещение вывоза, запрещение на экспорт
　재수출금지　запрещение реэкспорта
금지관세　запретительная пошлина, запретительный тариф
금평가　золотой паритет
급여　заработная плата
기간　срок
　규정기간　установленный срок
　대출상환기간　срок погашения кредита
　서어비스기간　срок службы
　우대기간　льготный срок
　지불기간　срок платежа
　투하자본회수기간　срок окупаемости

표준기간　нормативный срок
협약유효기간　срок действия соглашения
기간연장　продление срока
기관　орган, организация, учреждение
기구　организация
　경제협력개발기구(OECD)　Организация экономического сотрудничества и развития [ОЭСР]
　국제기구　международная организация
　국제노동기구 (ILO)　Международная организация труда [МОТ ООН]
　국제민간항공기구(ICAO)　Международная организация гражданской авиации [ИКАО]
　국제연합 (UN)　Организация Объединенных Наций [ООН]
　국제표준화기구 (ISO)　Международная организация по стандартизации [МОС]
　대외경제기구　внешнеэкономическая организация
　대외무역지원기구　внешнеторговая хозрасчётная организация
　석유수출국기구 (OPEC)　Организация стран экспертов нефти [ОПЕК]
　세계무역기구 (WTO)　Всемирная Торговая Организация [ВТО]
　세계보건기구 (WHO)　Всемирная организация здравоохранения [ВОЗ]
　아시아-태평양경제협력체 (APEC)　Организация Азиатско-Тихоокеанского сотрудничества [АТЭС]
　유엔공업개발기구 (UNIDO)　ООН по промышленному развитию [ЮНИДО]
　유엔교육과학문화기구 (UNESCO)　ООН по вопросам просвещения, науки и культуры [ЮНЕСКО]
　유엔식량농업기구(FAO)　Продовольственная и сельскохозяйственная организация ООН
　협력기구　кооперативная организация
기금　фонд
　경제진흥기금　фонд экономического стимулирования

국제농업개발기금(IFAD)　Международный фонд сельскохозяйственного развития [ИФАД]

국제통화기금(IMF)　Международный валютный фонд [МВФ]

기업기금　фонд предприятия

물자장려기금　фонд материального поощрения

생산기금　производственные фонды

생산진흥기금　фонд развития производства

순환기금　оборотный фонд

신용기금　кредитные фонды

예비기금　резервный фонд

외화기금　валютный фонд

유엔아동기금(UNICEF)　Фонд ООН помощи детям [ЮНИСЭФ]

은행기금　банковские фонды

정관기금　уставный фонд

통화공제기금　фонд валютных отчислений

현금기금　денежный фонд

기금거래　фондовая сделка

기내인도조건부공급　поставка на условиях ФОБ аэропорта

기능적품질　эксплуатационное качество

기대손실　ожидаемые потери

기대이익　ожидаемая прибыль

기록부　журнал

기명납입　именной вклад

기명배서　именной индоссамент

기명수표　именной чек

기명식신용장　выставленный аккредитив на кого-либо

기명주식　именные акции

기명채권　именные облигации

기명허가　именное разрешение

기반　база

물자-기술적 기반	материально-техническая база
물자-재정적 기반	материально-финансовая база
원자재기반	сырьевая база
재무기반	финансовая база
기반시설비용	затраты на инфраструктуру
기반조직	базовая организация
기본가격	базисная цена
기본가격표	базисный прейскурант
기본율	базисная ставка
기본조건	базисные условия
기술-경제타당성조사서상의계산	расчёт технико-экономического обоснования
기술경제기준	технико-экономические нормативы
기술경제타당성조사보고서	технико-экономическое обоснование [ТЭО]
기술교환	обмен технологией
기술국	техническое бюро
기술사양	технические требования
기술사양서	характеристика, техническая
기술서류심사	экспертиза технической документации
기술서어비스	техобслуживание
기술설명서	технический паспорт
기술수출서어비스	обслуживание экспортируемой техники
기술심사	техническая экспертиза
기술연구개발	научно-техническая разработка
기술위험보험	страхование технических рисков
기술이전	передача опыта, передача технологии
기술조건	технические условия
기술증명서류작성	техническая документация
기술첨부물	техническое приложение
기술컨설팅회사	инженерно-консультационная фирма

기업	фирма, предприятие, компания, организация
개인기업	частное предприятие
경쟁기업	конкурирующее предприятие
계열기업	подконтрольное предприятие
고수익기업	высокорентабельное предприятие
국영기업	государственное предприятие
다국적기업	международная компания
독립채산기업	хозрасчётное предприятие
동반기업	предприятия партнёров
예하기업	подведомственное предприятие
조합기업	кооперативное предприятие
합자기업	смешанная компания
활동기업	действующее предприятие
기업가	предприниматель
기업경영	предпринимательство
기업관리국	управление предприятием
기업기금	фонд предприятия
기업대표사무소	представительство фирмы
기업명	фирменное наименование
기업목록	фирменный каталог
기업박람회	выставки отдельных фирм и организаций
기업보고서	отчётность предприятий
기업보증	гарантия фирмы
기업부채	задолженность предприятия
기업설립자본금납입	вклад в уставный фонд предприятия
기업소득	доход предприятия
기업소재지	местонахождение предприятия
기업연맹	объединение предпринимателей
기업연합	картель, пул
기업융자	фирменный кредит

기업자금　средства предприятия
기업자본　капитал предприятия
기업자산　активы предприятия
기업자산평가　оценка имущества предприятия
기업주　владелец предприятия
기업지사　филиал компании
기업채무차입금　задолженность предприятия
기업채산성　рентабельность предприятия
기업청산　ликвидация предприятия
기업팜플렛　фирменный буклет, фирменный проспект
기업합동　концерн
기준　норма, норматив, правило
　기술경제기준　технико-экономические нормативы
　도량형기준　метрологические правила
　러시아법률기준　нормы российского законодательства
　산업기준　промышленные нормативы
　수익기준　норма прибыли
　완제품수령기준　правила приёмки готовой продукции
　의무예비비기준　норма обязательных резервов
　이율기준　норма процента
　적재기준　норма погрузки
　채산성기준　нормативы рентабельности
　최신개정기준　прогрессивные норма
　통화기준　валютные правила
　통화할당기준　нормативы валютных отчислений
　하역기준　норма выгрузки, норма разгрузки
　화물작업기준　норма грузовых работ
기준율　справочный курс
기지　база
기초　база

기축통화　ключевая валюта
기타비용　накладные расходы
기타비용배정　распределение накладных расходов
기탁　депонирование
기탁금　депозит
기탁자　депонент
기판매상품　запроданный товар
기한경과부채　просроченный долг
기한　срок
　공급기한　срок поставки
　선적기한　срок отгрузки
　신용대출기한　срок предоставления кредита
　신용대출변제기한　срок погашения кредита
　지불기한　срок платежа
기한부거래　сделка на срок
기한부구매　покупка на срок
기한부납입　срочный вклад
기한부대출　срочная ссуда
기한부보험증서　срочный полис
기한부어음　срочная тратта
기한초과　просрочка
　공급기한초과　просрочка поставки
　지불기한초과　просрочка платежа
기한초과대출　просроченная ссуда
기한초과대출계좌　счёт просроченных ссуд
기한초과부채　задолженность, просроченная
기한초과불입　просроченный взнос
기한초과선적　просроченная отгрузка
기한초과어음　просроченный вексель
기항지　порт захода

긴축융자 стеснённый кредит
길이가 긴 화물 длинномерный груз

나룻배　паром
나용선계약　договор о фрахтовании судна без экипажа, бэрбоут чартер
날짜　дата
납세자　налогоплательщик
납세전이익　прибыль до уплаты налога
납세전이익공제금　отчисления от прибыли до налогообложения
납세후이익　прибыль за вычетом налога, прибыль после уплаты налога
납세후이익공제금　отчисления от прибыли после налогообложения
납입　вклад
　기명납입　именной вклад
　기업설립자본금납입　вклад в уставный фонд предприятия
　기한부납입　срочный вклад
　단기납입　краткосрочный вклад
　러시아화폐납입　вклад в российской валюте
　무기한납입　бессрочный вклад
　무이자납입　беспроцентный вклад
　물품 및 가치평가식 납입　вклад в вещественной и стоимостной форме
　상품납입　вклад в товарной форме
　외화납입　вклад в иностранной валюте
　요구불납입　вклад до востребования
　은행납입　банковский вклад
　이자식납입　процентный вклад
　장기납입　долгосрочный вклад
　적립납입　сберегательный вклад
　특별납입　целевой вклад
　화폐식납입　вклад в денежной форме

납입가격	стоимость вклада
납입금액	вкладная сумма
납입대체지급	платёж взносами
납입자	вкладчик
납입자금	средства уставного фонда
납입증서	вкладной сертификат
납입채산성	рентабельность вклада
납입평가	оценка вклада
납입환급	возврат вклада
낱개화물	штучный груз
내국소비세	акциз
내부자금	собственные средства
냉동화물	рефрижераторный груз
네트(net)	нетто
노동력결손	дефицит рабочей силы
노동력고용	наём рабочей силы
노선	маршрут
노선용선	линейный чартер
노스트로계정	счёт ностро
노스트로초과인출	овердрафт ностро
노하우	ноу-хау
노후화	моральный износ
농산물거래소	биржа сельскохозяйственных товаров
농산물판매	продажа на корню
농업박람회	сельскохозяйственная выставка
누적부채	накопившаяся задолженность
눈에 보이는 결함	явный дефект
눈에 보이지 않는 결함	скрытый дефект
뉴욕증권거래소(NYSE)	Нью-Йоркская фондовая биржа
능률성	оперативность

다각화   диверсификация
다각화프로그램   программа диверсификации
다국적기업   международная компания
다변화   диверсификация
   경제다변화   диверсификация экономики
   무역다변화   диверсификация торговли
   수출다변화   диверсификация экспорта
다자간결제   многосторонние расчёты
다자간전문화   многосторонняя специализация
다자간중재   многосторонний арбитраж
다자간협력   многостороннее сотрудничество
다자간협상   многосторонние переговоры
다자간협약   многостороннее соглашение
다자계약   многосторонний договор
다자어음교환   многосторонний клиринг
다중포장   горазовая упаковка
단거리수송시장   рынок короткопробежных перевозок
단거리운송   короткопробежные перевозки
단기간 처분되지 않는 자산   труднореализуемые активы
단기계약   краткосрочный контракт
단기납입   краткосрочный вклад
단기대부   краткосрочный заём
단기대출   краткосрочное кредитование, краткосрочная ссуда
단기어음   краткосрочный вексель
단기융자   краткосрочный кредит
단기의무   краткосрочные обязательства

단기임대	краткосрочная аренда
단기채권	краткосрочный заём
단기협약	краткосрочное соглашение
단수허가	разовое разрешение
단순허가	простая лицензия
단위	единица
가격단위	единица стоимости
계산단위	расчётная единица
금전단위	денежная единица
미터법단위	метрическая единица
상품단위	единица товара
통화단위	валютная единица
화물단위	единица груза
단일가격	единая цена
단일관세	единовременная пошлина, одноколонный тариф
단일대표	единственный представитель
단일명의어음	соло-вексель
단일본	единственный экземпляр
단일율	единые ставки, единый курс, единый тариф
단일전문용어	единая номенклатура
단일화물	однородный груз
단지	комплекс
공업단지	промышленный комплекс
박람회단지	выставочный комплекс
복합업무단지	комплекс работ
연구생산단지	научно-производственный комплекс
담당자	должностное лицо
담보	залог, закладная
담보가치	заложенные ценности
담보대부	заём под залог

담보대출	ссуда под залог
담보부채	обеспеченный долг
담보융자	кредит под залог
담보저당	обеспечение
담보증서	закладной лист, залоговый сертификат
당면계획	текущий план
당일시세	курс дня
당좌계정	текущий счёт, контокоррентный счёт
당좌계정적자	дефицит текущего счёта
당좌대월대출	онкольная ссуда
당좌대월이자	процент по овердрафту
당좌예산	текущий бюджет
당좌지급	текущие платёжи
당해연도	текущий год
대규모 연안항해	большой каботаж
대규모사업	большой бизнес
대금인환불	наложенный платёж
대금지불서류	платёжные документы
대금지불에서의 선불	аванс в счёт платежей
대금지불증명발급	платёжная документация
대기시간	время простоя
대량구매	массовые закупки
대량생산제품	изделия массового производства
대리계좌	корреспондентский счёт
대리권	право суброгации
대리수수료	агентское вознаграждение
대리은행	банк-корреспондент
대리인	доверитель, агент, агентство, комиссионер
구매대리인	агент по закупкам
독점대리인	исключительный агент, единственный агент

무역대리인	коммерческий агент
보험대리인	страховой агент
상업대리인	коммерческий агент
선주측대리인	агент судовладельца
수입대리인	импортный агент
수출대리인	экспортный агент
용선대리인	агент фрахтователя
운송대리인	транспортный агент
위탁대리인	консигнационный агент
임대인측 대리인	агент арендодателя
총대리인	генеральный агент
판매대리인	агент по продаже, торговой агент
해운대리인	морской агент
대리점(에이전트)	агентство, агент
관광대리점	туристическое агентство
광고대리점	рекламное агентство
국영대리점	государственное агентство
독점대리점	монопольное агентство, агентство с исключительными правами
무역대리점	торговое агентство
보험대리점	страховое агентство
복합운송대리점	транспортно-экспедиторское бюро
운송대리점	транспортное агентство
종합대리점	агентство с полным циклом услуг
화물발송대리점	транспортно-экспедиционное агентство
대리점계약	агентский договор
대리점권	агентское право
대리점기업	агентская фирма
대리점대표사무소	агентское представительство
대리점서어비스	агентское обслуживание

대리점수수료	агентская комиссия
대리점협약	агентское соглашение
대리증서	акт о суброгации
대변전표	кредит-нота
대부	кредит, заём, ссуда
계좌대부	кредит счёта
단기대부	краткосрочный заём
담보대부	заём под залог
무보증대부	кредит без обеспечения
무이자대부	беспроцентный заём, беспроцентный кредит
변제대부	акцептно-рамбурсный кредит
보증대부	обеспеченный кредит
신용대부	кредит
우대조건대부	заём на льготных условиях, кредит на льготных условиях
은행대부	банковский заём, банковский кредит
인수대부	акцептный кредит
자동연장대부	автоматически возобновляемый кредит
장기대부	долгосрочный заём
채권대부	облигационный заём
통화대부	валютный кредит
현금대부	денежный заём
대부기관	кредитующее учреждение
대부상환	возврат займа, возврат ссуды, погашение займа, погашение ссуды
대부상환연기	отсрочка погашения ссуды
대부신청서	заявка на получение ссуды
대부은행	ссудный банк
대부이자	процент по займам
대부자본	заёмный капитал

대부자본시장	рынок ссудных капиталов
대손	безнадёжный долг
대여료	арендная плата
대여자산	арендное имущество
대외경제관계	внешнеэкономические отношения, внешнеэкономические связи
대외경제관계국	управление внешними экономическими связями
대외경제관계자유화	либерализация внешнеэкономических связей
대외경제기구	внешнеэкономическая организация
대외경제정책	внешнеэкономическая политика
대외경제협력	внешнеэкономическое сотрудничество
대외경제활동	внешнеэкономическая деятельность, внешнеэкономические операции
대외경제활동자금조달	финансирование внешнеэкономической деятельности
대외무역	внешняя торговля
대외무역가격	внешнеторговая цена
대외무역거래	внешнеторговая сделка, внешнеторговый обмен
대외무역계약	внешнеторговый контракт
대외무역관계	внешнеторговые связи
대외무역광고	внешнеторговая реклама
대외무역기관	внешнеторговая организация
대외무역독점	монополия внешней торговли
대외무역분쟁	внешнеторговый спор
대외무역수지	внешнеторговый баланс
대외무역연맹	внешнеторговое объединение
대외무역운송	внешнеторговые перевозки
대외무역유통	оборот внешней торговли
대외무역적자	внешнеторговый дефицит
대외무역정책	внешнеторговая политика

대외무역중재　внешнеторговый арбитраж
대외무역중재수수료　внешнеторговая арбитражная комиссия
대외무역지원기구　внешнеторговая хозрасчётная организация
대외무역지원융자　кредитование внешнеторговых операций
대외무역협력　внешнеторговое сотрудничество
대외무역협약　внешнеторговое соглашение
대외무역활동　внешнеторговая деятельность, внешнеторговые операции
대외무역회사　внешнеторговая фирма
대외무역회의소　внешнеторговая палата
대외시장　внешний рынок
대위변제　суброгация
대위변제에 관한 약관　оговорка о суброгации
대응구매　встречные закупки
대응소송　встречный иск
대응어음　встречный вексель
대응오퍼　встречное предложение, контроферта, контрпредложение
대응클레임　встречная претензия
대차대조표　баланс, бухгалтерский баланс, балансовый отчёт
대차대조표결산　бухгалтерский отчёт
대체　трансферт
대출　кредитование, ссуда
　금리대출　процентная ссуда, ссуда под проценты
　금전대출　денежная ссуда
　기한부대출　срочная ссуда
　기한초과대출　просроченная ссуда
　단기대출　краткосрочная ссуда, краткосрочное кредитование
　담보대출　ссуда под залог
　당좌대월대출　онкольная ссуда
　러시아루블화대출　ссуда в российских рублях
　러시아연방 국영은행대출　ссуда Госбанка РФ

루블화대출　рублёвое кредитование
목적대출　целевая ссуда, целевое кредитование
무상환대출　безвозвратная ссуда
무이자대출　беспроцентная ссуда
보증대출　ссуда под гарантию, ссуда под поручительство
상품-자재담보대출　ссуда под товарно-материальные ценности
상품담보대출　подтоварная ссуда
상호대출　взаимное кредитование
서어비스제공대출　ссуда под оказанные услуги
수출금융대출　кредитование экспортных операций
외화대출　валютное кредитование, ссуда в иностранной валюте
운송물품담보대출　кредитование под товары, находящиеся в пути
유가증권담보대출　ссуда под ценные бумаги
은행대출　банковская ссуда
이중담보대출　ссуда под двойное обеспечение
일람불대출　ссуда до востребования
일회성대출　разовая ссуда
장기대출　долгосрочная ссуда, долгосрочное кредитование
재고물품담보대출　кредитование под товары, находящиеся на складах
중기대출　среднесрочное кредитование
지급서류담보대출　ссуда под платёжные документы
직접대출　прямое кредитование
항만야적물품담보대출　кредитование под товары, находящиеся в портах
대출결제업무　кредитно-расчётное обслуживание
대출계좌　ссудный счёт
대출보증　обеспечение ссуды
대출상환　возврат кредита, погашение кредита
대출상환기간　срок погашения кредита
대출수령인　получатель кредита

대출수요　кредитные потребности, спрос на кредит
대출신청서　заявка на кредит
대출연장　продление кредита, пролонгация кредита
대출이자　процент за кредит, ссудный процент
대출이자율　процентная ставка за кредит
대출이행수수료　комиссия за обязательство предоставить кредит
대출자본　ссудный капитал
대출청구　взыскание ссуды
대표　представитель
　단일대표　единственный представитель
　무역대표　торговый представитель
　전권대표　уполномоченный представитель
　총대표　генеральный представитель
　특별권한대표　представитель с исключительными правами
대표부　представительство
대표사무소　представительство
　기업대표사무소　представительство фирмы
　대리점사무소　агентское представительство
　독점대표사무소　монопольное представительство
　무역대표부　торговое представительство
　합작기업대표사무소　представительство совместного предприятия
대표사무소 개설목적　представительские цели
대표사무소비용　представительские расходы
대표이사　генеральный директор
덤핑　демпинг
덤핑가격　бросовая цена
덤핑수출　бросовый экспорт, вывоз по бросовым ценам
데이터뱅크　банк данных
도급　подряд
도급계약　договор подряда

도급업체	подрядная организация
도급인	подрядчик
도급회사	подрядная фирма
도량형기준	метрологические правила
도로건설비용	затраты по строительству транспортных путей
도매	оптовая продажа
도매가격	оптовая цена
도매구입	оптовые закупки
도매무역	оптовая торговля
도매물가지수	индекс оптовой цены
도매소비자	оптовый потребитель
도매시장	оптовая ярмарка
도매회사	оптовая фирма, оптовое предприятие
도입	привлечение
융자도입	привлечение кредита
자금도입	привлечение средств
해외기술도입	привлечение зарубежной техники и технологии
도착	прибытие, приезд
도착시간	время прибытия
도크	док
도크료	доковый сбор
도크인도가격	франко-док
도크인수증	доковая расписка
독립계정	самостоятельный баланс
독립심사	независимая экспертиза
독립채산기관자금	средства хозрасчётных организаций
독립채산기업	хозрасчютная фирма, хозрасчётное предприятие
독립채산소득	хозрасчётный доход
독립채산연맹	хозрасчётное объединение
독립채산제	самоокупаемость, хозрасчёт

독점　　монополия
독점가격　　монопольная цена
독점권　　монопольное право, исключительное право
독점대리인　　единственный агент, исключительный агент
독점대리점　　агентство с исключительными правами, монопольное агентство
독점대표사무소　　монопольное представительство
독점수입자　　исключительный импортёр
독점이익　　монопольная прибыль
돈　　деньги
동결자금　　замороженные средства
동결자산　　замороженные активы
동결적립금　　замороженный фонд
동맹파업　　забастовка
동반기업　　предприятия партнёров
동반자　　партнёр
동반제품　　сопутствующие изделия
동의　　одобрение
동전　　монета
동종화물　　однородный груз
등가율　　паритетный курс
등급평가　　рейтинг
등기　　регистрация
등기료　　регистрационный взнос
등기부　　регистр, реестр
등록　　регистрация
등록간행물　　регистрационный журнал
등록거래소　　зарегистрированная биржа
등록부　　регистр, реестр, букинглист, букингнот
등록세　　регистрационная пошлина

등록수수료   регистрационный сбор
등록증명서   регистрационное удостоверение
딜러   дилер
딜러망   дилерская сеть
딜러할인   дилерская скидка

라디오광고　реклама средствами радио
라이센스　лицензия
라이센스계약　лицензионный договор
라이센스교환　обмен лицензиями
라이센스기업　фирма-лицензиар
라이센스수수료　лицензионное вознаграждение
라이센스약정식결제　расчёт по лицензионным соглашениями
라이센스연합　лицензионный пул
라이센스협약　лицензионное соглашение
러시아루블화 대출　ссуда в российских рублях
러시아 및 외국기업출자회사　предприятие с участием российских и иностранных организаций
러시아법률기준　нормы российского законодательства
러시아연방 경제개발통상부　Министерство экономического развития и торговли РФ
러시아연방 경제부　Министерство экономики РФ
러시아연방 교통부　Министерство транспорта РФ
러시아연방 국가표준　государственный стандарт РФ
러시아연방 국경선　государственная граница РФ
러시아연방 국립은행　Госбанк РФ
러시아연방 국영은행대출　ссуда Госбанка РФ
러시아연방 민법　гражданское законодательство РФ
러시아연방 법무부　Министерство юстиции РФ
러시아연방 재무부　Министерство финансов РФ
러시아연방 철도부　Министерство путей сообщения РФ
러시아연방내에서 인가된기업　аккредитованная фирма в РФ

러시아연방으로 임시반입된 상품　временно ввозимый товар в РФ
러시아연방으로 임시반입된 자산　временно ввезённое имущество в РФ
러시아연방으로부터 임시반출된 상품　временно вывозимый товар из РФ
러시아연방으로부터 임시반출된 자산　временно вывезённое имущество из РФ
러시아연방으로부터의 자산 재반출　обратный вывоз имущества из РФ
러시아연방으로부터의 자산재반입 의무　обязательство об обратном ввозе имущества из РФ
러시아연방으로부터의 자산재반출 의무　обязательство об обратном вывозе имущества из РФ
러시아연방으로의 자산반입　ввоз имущества в РФ
러시아화폐 납입　вклад в российской валюте
런던은행간거래금리(LIBOR)　либор
로로계정　счёт лоро
로열티　роялти, лицензионный платёж, лицензионное вознаграждение
로열티비율　процент роялти
롯(lot)　лот, партия
루블 및 외화자산　средства в рублях и иностранной валюте
루블매상고　выручка в рублях
루블화계좌　рублёвый счёт
루블화대출　рублёвое кредитование
루블화와의 동일가치　рублёвый эквивалент
리보　либор
리스　лизинг
리스서어비스　лизинговое обслуживание
리스업무　лизинговые операции
리스회사　лизинговая фирма

마감계정   заключительный баланс
마감대차대조표   сводный баланс
마감시세   заключительный курс
마멸   износ
마진   маржа
마케팅   маркетинг
마케팅비용   расходы на маркетинг
마케팅서어비스   маркетинговые услуги
마케팅전문가   эксперт по маркетингу
마케팅회사   маркетинговая фирма
마크   знак, марка
마크표시   маркировка
만(灣)인도가격   франко-гавань
망   сеть
매각계약   запродажа
매니저   менеджер
매도가격   продажная цена
매도율   курс продавцов
매도인측국경화차인도조건부공급   поставка на условиях франко-вагон граница страны продавца
매도자가격   цена продавца
매매거래   купли-продажи сделка, торговая сделка
매매계약   договор купли-продажи, контракт купли-продажи
매상고   выручка
　루블매상고   выручка в рублях
　순매상고   выручка нетто

외화매상고　валютная выручка
용역제공 및 제품판매 매상고　выручка от реализации товаров и услуг
총매상고　валовая выручка
판매매상고　выручка от продажи
매수가격　покупная цена
매수인　покупатель
매수인계좌　счёт покупателя
매수인지정항　порт по выбору покупателя
매수인창고　склад покупателя
매수자가격　цена покупателя
매입량　объём закупок
매입세　налог на покупку
매입율　курс покупателей
매입중개인　брокер по покупке
매입처지급보증　делькредере
매출을 계속하는 것(hedging)　хеджирование
면세구역　беспошлинная зона
면세화물　беспошлинный груз
면책비율　франшиза
면허　концессия
명목소득　номинальный доход
명세서　спецификация, счёт
　가격명세서　расценочная спецификация
　상품명세서　товарная спецификация
　선적명세서　отгрузочная спецификация
　요율명세서　тарифная спецификация
　중량명세서　весовая спецификация
　포장명세서　поместная спецификация, упаковочная спецификация
　화물명세서　спецификация груза
명세서작성　сертификационная документация

...명의위임장   доверенность на имя ...
명칭   наименование
명함   визитная карточка
모라토리움   мораторий
모피경매   пушной аукцион
목록   индекс, каталог, перечень, реестр, список
목록가격   прейскурантная цена
목재거래소   лесная биржа
목재경매   лесной аукцион
목적   целевое назначение
목적대출   целевая ссуда, целевое кредитование
목적대출이용   целевое использование кредита
목표프로그램   целевая программа
목화거래소   хлопковая биржа
몫   доля, пай
몰수   конфискация, реквизиция, форфейтинг
무관세상품수입   беспошлинный ввоз товаров
무관세수출   беспошлинный вывоз
무관세화물   беспошлинный груз, не облагаемый груз пошлиной
무기명신용장   бланковый аккредитив
무기명인수   бланковый акцепт
무기명주식   предъявительские акции
무기한납입   бессрочный вклад
무담보부채   необеспеченная задолженность
무담보신용장   чистый аккредитив
무담보초과인출   непокрытый овердрафт
무료이용   безвозмездное пользование
무보증대부   кредит без обеспечения
무사고선하증권   чистый коносамент
무사전검사판매   продажа без предварительного осмотра

무상견본   бесплатный образец
무상서어비스   бесплатные услуги
무상양도   безвозмездная передача
무상하역   бесплатная выгрузка
무상환대출   безвозвратная ссуда
무역   торговля
　구상무역   компенсационная торговля
　국가무역   государственная торговля
　국경무역   приграничная торговля
　대외무역   внешняя торговля
　도매무역   оптовая торговля
　세계무역   мировая торговля
　소매무역   розничная торговля
　연계무역   встречная торговля
　연안무역   прибрежная торговля, каботажная торговля
　허가무역   лицензионная торговля
무역-산업박람회   торгово-промышленная выставка
무역가격   торговая цена
무역간행물   отраслевой журнал
무역경로   торговые каналы
무역경쟁국   торговый конкурент
무역경쟁자   торговый конкурент
무역경제협력   торгово-экономическое сотрудничество
무역경제협약   торгово-экономическое соглашение
무역계약   торговый договор, договор о торговле
무역공고   торговый бюллетень
무역관   торговый дом
무역관례   торговое обыкновение, торговые обычаи
무역다변화   диверсификация торговли
무역대리인   коммерческий агент

무역대리점	торговое агентство
무역대표	торгпред, торговый представитель
무역대표부	торгпредство, торговое представительство
무역등록부	торговой регистр
무역봉쇄	торговая блокада
무역분쟁	торговый спор
무역비용	торговые расходы
무역사절단	торгпредство
무역센터	торговый центр
무역수지	торговый баланс
무역수지적자	дефицит торгового баланса
무역어음	торговая тратта, торговый вексель
무역우대	торговые преференции
무역융자	торговый кредит
무역은행	торговый банк
무역자금조달	финансирование торговли
무역자유화	либерализация торговли
무역전문가	торговый эксперт
무역전쟁	торговая война
무역정책	торговая политика
무역제재	торговые санкции
무역제한	торговые ограничения
무역항	торговый порт
무역협상	торговые переговоры
무역회사	внешнеторговое предприятие, торговое предприятие, торговая компания, торговая фирма
무이자계좌	беспроцентный счёт
무이자납입	беспроцентный вклад
무이자대부	беспроцентный заём, беспроцентный кредит
무이자대출	беспроцентная ссуда

무조건보증	безусловная гарантия
무조건인수	безусловный акцепт
무크레인선적	бескрановая погрузка
무투표권회원	член без права голоса
무한책임회사	компания с неограниченной ответственностью
무형수출	невидимый экспорт
무환결제	безналичный расчёт
무환이체	безналичное перечисление
묶음화물	груз в кипах
문서	документ
문서감사	проверка ведения документации
문서보관소	архив
문서작성	документация
문의	запрос
물가안정	валоризация
물가조절	регулирование цен на товары
물류	грузопоток
물리적소멸	физический износ
물물거래	бартерный
물물교환	бартерный обмен
물자	материал
물자-기술적 기반	материально-техническая база
물자-재정적 기반	материально-финансовая база
물자기술공급	материально-техническое снабжение
물자기술공급전문가	эксперт по материально-техническому снабжению
물자손실	материальные потери
물자수요	материальные потребности
물자자원	материальные ресурсы
물자장려기금	фонд материального поощрения
물자절약	экономия материала

물적보증	материальное обеспечение
물적소송	вещный иск
물적손실	материальные убытки, материальный ущерб
물적장려	материальное стимулирование
물적장려금	материальное поощрение
물적책임	материальная ответственность
물질보상	материальное вознаграждение
물품	товар
반입금지품	запрещённый товар к ввозу
반출금지품	запрещённый товар к вывозу
수입금지품	запрещённый товар к ввозу
수출금지품	запрещённый товар к вывозу
물품 및 가치평가식 납입	вклад в вещественной и стоимостной форме
물품교환	товарообмен
물품교환업무	товарообменные операции
물품증명서	аттестация продукции
미결제위험	риск неплатежа
미결제위험보험	страхование риска неплатежа
미국표준협회 (ASA)	Американский ассоциация по стандартизации
미납	неуплата
미납금	недоимка
미달	недостача
미상환부채	непогашенный долг
미선적일부화물	часть груза, не принятая на судно
미신고화물	незаявленный груз
미예상비용	непредвиденные расходы
미완생산	незавершённое производство
미이행	неисполнение
미인수	неакцепт
미지급	неплатёж

미지불	неуплата
미터법단위	метрическая единица
미터법환산	перевод в метрическую систему
미판매상품	незапроданный товар
미확인신용장	одтверждённый аккредитив
민사책임	гражданская ответственность
민사책임보험	страхование гражданской ответственности
밀반출입	контрабанда
밀수근절	изъятие контрабанды
밀수출입	контрабанда

바우처   ваучер
바지선인도가격   франко-баржа
바터   бартерный
바터거래   бартерная сделка
바터협약   бартерное соглашение, товарообменное соглашение
박람회   выставка
  공동박람회   совместная выставка
  국립박람회   национальная выставка
  국제박람회   международная выставка
  기업박람회   выставки отдельных фирм и организаций
  농업박람회   сельскохозяйственная выставка
  무역-산업박람회   торгово-промышленная выставка
  부문박람회   отраслевая выставка
  산업박람회   промышленная выставка
  심포지움박람회   выставка-симпозиум
  전문박람회   специализированная выставка
  전시판매박람회   выставка-ярмарка
  판매박람회   выставка-продажа
박람회 진열대   выставочный стенд
박람회견본   выставочный образец
박람회기획   выставочные меропиятия
박람회단지   выставочный комплекс
박람회설비   выставочное оборудование
박람회위원회   выставочный комитет
박람회자산   выставочное имущество
박람회장   выставочное помещение

박람회장　выставочный зал
박람회장인도가격　франко-выставка
박람회장인도조건부공급　поставка на условиях франко-выставка
박람회전시　выставочная экспозиция
박람회전시관　выставочный павильон
박람회전시품　выставочный экспонат
박람회주최자　устроитель выставки
박람회참가신청서　заявка на участие в выставке
박람회팜플렛　выставочный проспект
박람회화물　выставочный груз
반송　возврат
반입　ввоз
반입금지　запрещение ввоза, запрещение на импорт
반입금지품　запрещённый товар к ввозу
반입세　ввозная пошлина
반입지　пункт ввоза
반입항　порт ввоза
반입허가　разрешение на ввоз
반출　вывоз
반출금지　запрещение вывоза, запрещение на экспорт
반출금지품　запрещённый товар к вывозу
반출세　вывозная пошлина
반출지　пункт вывоза
반출허가　разрешение на вывоз
반환　погашение
반환청구　регресс
발급　выдача
　대금지불증명발급　платёжная документация
　입출증명발급　входная и выходная документация
　증명발급　документация

표준기술증명발급　нормативно-техническая документация
발기인주식　учредительские акции
발기제의　инициативное предложение
발명　изобретение
발명권　изобретательское право
발명신상품　новизна изобретения
발명신청서　заявка на изобретение
발명우선권　приоритет изобретения
발명특허　патент на изобретение
발명특허자　автор изобретения
발명품유용성검사　проверка изобретения на полезность
발송　отправка
발송지　пункт отправления
발송통지　извещение об отправке
발송통지(서)　авизо
발송항　порт отправления
발송회사　посылочная компания, посылочная фирма
발신인　адресант
발주　заказ
발주자　заказчик
발행　выдача, выпуск
　은행권발행　выпуск банкнот
　주식발행　выпуск акции
　채권발행　выпуск займа
발행(유가증권, 은행권 등)　эмиссия
발행율　эмиссионный курс
발행처(유가증권, 은행권 등)　эмитент
방사능오염　радиоактивное загрязнение
방안　мероприятия
방어　защита

배달	доля, пай, пересылка
배분	распределение
배상	компенсация, репрессалии
배상(파손, 품질불량에 대한)	бонификация
배서	индоссамент, жиро
공동배서	совместный индоссамент
기명배서	именной индоссамент
백지배서	бланковый индоссамент
비순환배서	безоборотный индоссамент
융통배서	дружеский индоссамент
제한배서	ограниченный индоссамент
배서양수인	индоссатор
배서어음	вексель с передаточной надписью
백지배서	бланковый индоссамент
백지수표	бланковый чек
백지어음	бланковый вексель
back-to-back 신용장	компенсационный аккредитив
번역	перевод
벌과금	штраф, денежный штраф
벌과금부과	обложение штрафом
벌과금비율	штрафной процент
벌금	форфейтинг
벌크	насыпью
벌크선적	погрузка навалом, погрузка насыпью
벌크화물	навалочный груз, бестарный груз, насыпной груз, не упакованный груз, груз россыпью
범위	ассортимент
광범위	широкий ассортимент
상품범위	товарный ассортимент
수출품범위	экспортный ассортимент

법규	одательный акт, регламент
법률	закон, право
법률가	юрист
법률규정	правовые предписания
법률자문	юрисконсульт
법원	суд
법원판결파기	кассация судебного решения
법인	юридическое лицо, корпорация
법인권리	право юридического лица
법적권리	юридическое право, законное право
법적양도증서	акт о передаче правового титула
법적지위	юридический статус
법정소송	судебный иск
법정원고	истец в суде
법정피고	ответчик в суде
벙커용기사용에 관한 약관	бункерная оговорка
벙커인도가격	франко-бункер
벼락경기	бум
변경	изменение, поправка
계약변경	изменение к контракту
분류변경	изменение ассортимента
신용장변경	изменение аккредитива
조건변경	изменение условий
환율변경	изменение курса валют
변동	колебание
변동율	плавающая ставка,
변동환율	плавающий курс
변상	возмещение
변상공급	компенсационные поставки
변제	погашение, покрытие, рамбурсирование

변제대부	акцептно-рамбурсный кредит
변질	порча
변형	модификация
변호사	юрист
보고	отчёт
보고서	отчётность, ведомость
보관	хранение
보관검사	проверка хранения
보관문서	охранный документ
보관소	депо
보관자	депозитарий
보관중파손화물	повреждённый груз во время хранения
보관증	сохранная расписка
보관증명서	сохранное свидетельство
보너스	бонус, премия, премиальная надбавка
보너스할인	бонусная скидка
보복관세	карательная пошлина
보상	возмещение, компенсация
가격보상	возмещение суммы
금전보상	денежная компенсация
물질보상	материальное вознаграждение
보험보상	траховое возмещение
비용보상	возмещение затрат, возмещение расходов, компенсация расходов
상품보상	товарная компенсация
손실보상	возмещение потери, возмещение убытков, компенсация за ущерб, компенсация потерь, компенсация убытков
손해보상	возмещение ущерба
신용보상	возмещение кредита

현물보상　вознаграждение натурой
보상(금)　вознаграждение
보상거래　компенсационная сделка
보상공동협약　соглашение о сотрудничестве на компенсационной основе
보상관세　компенсационная пошлина
보상기관　компетентный орган
보상비용　компенсационные расходы
보상융자　компенсационный кредит
보상적 기반에서의 협력　сотрудничество на компенсационной основе
보상조건부계약　контракт на компенсационных условиях
보상협약　компенсационное соглашение
보세창고　бондовый склад
보세창고보관　хранение на таможенном складе
보세화물　не оплаченный груз пошлиной
보수　заработная плата, гонорар
보유자(대량의 특정상품)　стокист
보이코트　бойкот
보장　обеспечение
보조금　дотация, субсидия
보증　гарантия, обеспечение, поручительство
　계약보증　договорные гарантии
　금전보증　обеспечение денег
　기업보증　гарантия фирмы
　대출보증　обеспечение ссуды
　무조건보증　безусловная гарантия
　물적보증　материальное обеспечение
　보험보증　страховое обеспечение
　보험회사보증　гарантия страховой компании
　부채보증　обеспечение долга
　생산자보증　гарантия изготовителя

수출보증　вывозная гарантия
신용보증　кредитное поручительство, обеспечение кредита
어음식보증　обеспечение в виде векселей
외국은행보증　гарантия иностранного банка
은행보증　банковская гарантия, банковское поручительство
은행보증식보증　обеспечение в виде банковской гарантии
이중보증　двойное обеспечение
재무보증　финансовое обеспечение
재생산보증　обеспечение воспроизводства
지급보증　поручительство в платеже
채권식보증　обеспечение в виде облигаций
채무보증　обеспечение займа
취소불능보증　безотзывная гарантия
통화보증　валютное обеспечение
특허보증　патентное обеспечение
판매자보증　гарантия продавца
합작회사설립인보증　гарантия учредителей совместного предприятия
현금보증　денежное обеспечение
보증가격　гарантированная цена
보증금　гарантийный депозит
보증금액　гарантийная сумма
보증기간연장　продление гарантийного периода
보증대부　обеспеченный кредит
보증대출　ссуда под гарантию, ссуда под поручительство
보증서　гарантийное письмо
보증서어비스　гарантийное обслуживание
보증시험　гарантийные испытания
보증은행　банк-гарант
보증의무　гарантийное обязательства
보증인　гарант, поручитель

보증증명서	карантинный сертификат
보증지급	гарантийная выплата
보통수표	открытый чек
보험	страхование
건설보수위험보험	страхование строительно-монтажных рисков
공동보험	взаимное страхование
국가보험	государственное страхование
기술위험보험	страхование технических рисков
미결제위험보험	страхование риска неплатежа
민사책임보험	страхование гражданской ответственности
상실이익보험	страхование упущенной выгоды
손해보험	страхование убытков
수출입화물보험	страхование экспортно-импортных грузов
신용보험	страхование кредитов
운송보험	страхование средств транспорта, транспортное страхование
운임보험	страхование фрахта
위험보험	страхование рисков
자발적보험	добровольное страхование
재산보험	имущественное страхование
적하보험	страхование грузов
전손보험	страхование на условиях <все риск>
책임보험	обязательное страхование
파손보험	страхование от поломок
해상보험	морское страхование
해손보험	страхование от аварий
화재 및 자연재해보험	страхование от огня и стихийных бедствий
보험가액	застрахованная стоимость, страховая стоимость
보험가입상품	застрахованный товар
보험거래소	фрахтовая биржа
보험결제	страховое покрытие

보험계약　договор страховании
보험계약자　полисодержатель
보험금　страховка
보험금액　страховая сумма
보험대리인　страховой агент
보험대리점　страховое агентство
보험료　страховка, страховой сбор
보험보상　траховое возмещение
보험보증　страховое обеспечение
보험불입　страховой взнос
보험비용　издержки по страхованию
보험서류　страховые документы
보험손실　страховой убыток
보험업자　страховщик
보험연장　пролонгация страхования
보험위험　страховой риск
보험적립금　страховой фонд
보험조사인　страховой инспектор
보험중개인　страховой брокер, страховой маклер
보험증서　полис, полис страхования, страховое свидетельство
　기한부보험증서　срочный полис
　연합보험증서　полис комбинированного страхования
　예정보험증서　открытый полис
　일반보험증서　генеральный полис
　재보험증서　полис перестрахования
　총괄보험증서　бланковый полис
　항해보험증서　рейсовый полис
　해상보험증서　полис морского страхования
　혼합보험증서　смешанный полис
보험지급　страховой платёж

보험프레미엄　страховая премия
보험한도　лимит страхования
보험회사　страховая компания, страховая фирма
보험회사보증　гарантия страховой компании
보호　защита
보호관세　покровительственная пошлина, покровительственный тариф
보호무역주의　протекционизм
보호자　защитник
보호정책　протекционизм
복률관세　многоколонный тариф
복사　копия
복수비자　виза многократного пользования
복수사증　виза многократного пользования
복합간행물　монтажный журнал
복합기업군　комплекс предприятий
복합마케팅　маркетинговый комплекс
복합서어비스　комплекс услуг
복합수수료　смешанная комиссия
복합업무단지　комплекс работ
복합운송대리점　транспортно-экспедиторское бюро
복합운송서어비스　транпортно-экспедиторское обслуживание, транспортно-экспедиторские услуги
복합운송수수료　транспортно-экспедиторская комиссия
복합운송업자　экспедитор
복합운송조직　транспортно-экспедиторская организация
복합운송회사　транспортно-экспедиторская фирма, транспортно-экспедиционная компания
복합체　комплекс
복합통화에 관한 약관　мультивалютная оговорка
본사　главная контора, головная контора

본선인도가격(FOB)　ФОБ, франко-борт
본선인도조건부공급 (FOB)　поставка на условиях ФОБ
본선적재인도가격　франко-борт и штивка
봉급　заработная плата
봉쇄　блокада
　경제봉쇄　экономическая блокада
　무역봉쇄　торговая блокада
　세관봉쇄　таможенная блокада
　신용봉쇄　кредитная блокада
부(部, 省)　министерство
부가가치　добавленная стоимость
부가가치세　налог на добавленную стоимость
부계좌　субсчёт
부과　обложение
　관세부과　таможенное обложение
　벌과금부과　обложение штрафом
　세금부과　обложение налогом, обложение пошлиной
부과액　ставка
부도수표　неакцептованный чек
부도어음　неоплаченный вексель, просроченный вексель
부두인도가격　франко-пристань
부록　приложение
부문박람회　отраслевая выставка
부문별관리국　отраслевое управление
부문표준　отраслевой стандарт
부보위험　застрахованный риск
부보화물　застрахованный груз
부분승낙　частичный акцепт
부분적공급　поставка партиями
부서(副署)　контрассигнация

부서자(副署者)　контрассигнант
부속문서(조약, 계약 등)　аддендум
부속서류　сопроводительные документы
부수(部數)　экземпляр
부위원장　заместитель председателя
부이사　заместитель директора
부적절이행　ненадлежащее исполнение
부정기항로　трамповая линия
부족　дефицит, недостача
부족분의 추가공급　допоставка
부채　дебет, денежные обязательства, долг, задолженность по ссудам
　기업부채　задолженность предприятия
　기한경과부채　просроченный долг
　기한초과부채　задолженность, просроченная
　누적부채　накопившаяся задолженность
　담보부채　обеспеченный долг
　무담보부채　необеспеченная задолженность
　미상환부채　непогашенный долг
　비상환부채　безвозвратный долг
　상환부채　погашенный долг
　신용부채　задолженность по кредиту
　원부채　основной долг
　은행부채　задолженность банку
　채권자부채　кредиторская задолженность
　채무자부채　дебиторская задолженность
부채변제　покрытие долга
부채보증　обеспечение долга
부채불입금　взнос в счёт погашения
부채상환　возврат долга, погашение долга
부채의무　долговые обязательства

부채항목　статья пассива
부패　порча
부패성화물　скоропортящийся груз
북미자유무역협정 (NAFTA)　Североамериканская ассоциация свободной торговли
분류　классификация, сортировка
　국제표준무역분류　Международная стандартная торговая классификация
　국제표준산업분류　Международная стандартная отраслевая классификация
　상품 및 서어비스 분류　классификация товаров и услуг
　특허분류　патентная классификация
분류변경　изменение ассортимента
분산　распределение
분석　анализ
　경제성분석　анализ экономической эффективности
　수요분석　анализ спроса
　수입-지출 분석　анализ доходов и расходов
　시장분석　анализ рынка
　재무분석　анализ финансового состояния
분야별시장　отраслевая ярмарка
분쟁　спор
　계약분쟁　спор по контракту
　대외무역분쟁　внешнеторговый спор
　무역분쟁　торговый спор
　클레임분쟁　спор по претензии
　통화분쟁　валютно-финансовый спор
　특허분쟁　патентный спор
분할공급　частичная поставка
분할구매　покупка в рассрочку
분할불입　частичный взнос

분할신용장	делимый аккредитив
분할지급	платёж в рассрочку, частичный платёж
분할지불계약	сделка с платежом в рассрочку
분할지불신용장	редитив с платежом в рассрочку
분할화물	парцельный груз
불가항력	форс-мажор, непреодолимая сила
불가항력에 관한 약관	оговорка о форс-мажоре
불량대부	безнадёжный долг
불매동맹	бойкот
불안정통화	неустойчивая валюта
불입(금)	взнос
기한초과불입	просроченный взнос
보험불입	страховой взнос
부채불입금	взнос в счёт погашения
분할불입	частичный взнос
설립자본불입금	взнос в уставный фонд
소유분불입	долевой взнос
예산불입금	взнос в бюджет
의무불입	обязательный взнос
일괄불입	единовременный взнос
총액불입	паушальный взнос
할당불입	паевой взнос
해손부담불입금	аварийный взнос
현금불입	денежный взнос
불태환화폐	неконвертируемая валюта
불합격품질	ненадлежащее качество
불확정오퍼	предложение без обязательства, свободное предложение
불환통화	замкнутая валюта
불황	стагнация
불황하의 물가고(스테그플레이션)	стагфляция

붐　　бум
브랜드상품　фирменные товары
브로셔　　брошюра
브로커　　брокер
블록　　блок
비경쟁상품　неконкурентоспособный товар
비공개경쟁　скрытая конкуренция
비공개협상　закрытые переговоры
비공식거래소　неофициальная биржа
비과세지급　неналоговый платёж
비관세제한　нетарифные ограничения
비교가격　сопоставимые цены
비교표(여러회사 상품의 가격, 제작조건 등의)　конкурент лист
비금지관세　незапретительный тариф
비닐봉지　пакет
비동일가치교환　неэквивалентный обмен
비반송에 관한 약관　безоборотная оговорка
비반송포장　возвратная упаковка
비부보화물　незастрахованный груз
비상사태　чрезвычайное событие
비상업성지급　неторговый платёж
비상업활동　неторговые операции
비상환부채　безвозвратный долг
비상환자금조달　безвозвратное финансирование
비생산적비용　непроизводительные расходы
비순환배서　безоборотный индоссамент
비용　расходы, затраты, издержки, плата
　간접비용　косвенные издержки, косвенные расходы
　감가상각비용　амортизационные расходы
　견적비용　сметные издержки, сметные расходы

금융비용	финансовые расходы
기반시설비용	затраты на инфраструктуру
기타비용	накладные расходы
대표사무소비용	представительские расходы
도로건설비용	затраты по строительству транспортных путей
마케팅비용	расходы на маркетинг
무역비용	торговые расходы
미예상비용	косвенные расходы непредвиденные расходы
보상비용	компенсационные расходы
보험비용	издержки по страхованию
비생산적비용	непроизводительные расходы
사고비용	аварийные затраты, аварийные издержки
생산발전비용	затраты на развитие производства
생산비용	издержки производства, производственные расходы
생태균형복구를 위한 비용	затраты на восстановление экологического равновесия
선적비용	расходы по погрузке товара
설비임대비용	расходы по лизингу оборудования
소송비용	судебные издержки
수수료비용	комиссионные расходы
실제비용	фактические затраты
예산비용	бюджетные расходы
외환비용	инвалютные расходы
운송비용	дорожные расходы, путевые расходы, транспортные издержки, транспортные расходы
운송중보관비용	расходы по хранению товара в пути
은행비용	банковские расходы
자본비용	расходы капитала
자재비용	материальные издержки
잠재비용	скрытые затраты

잡비용	накладные расходы
재생산비용	затраты на воспроизводство
재포장비용	расходы по перетарке
재화비용	материальные затраты
중재비용	арбитражные расходы
지역기술설비비용	затраты по инженерному оборудованию территории
지출비용	дисбурсментские расходы
직접비용	прямые затраты, прямые расходы
출장비용	командировочные расходы
클레임비용	издержки протеста
통화비용	валютные расходы
특별비용	чрезвычайные расходы
판매비용	торговые издержки
포장비용	издержки по упаковке
하역비용	расходы по выгрузке товара
해손비용	аварийные расходы
현금비용	денежные расходы
현재비용	текущие расходы
환적비용	расходы по перегрузке
비용견적	смета расходов
비용계산	хозяйственный расчёт
비용계산서	калькуляционный лист
비용계정	расходный счёт
비용보상	возмещение затрат, возмещение расходов, компенсация расходов
비용분담	участие в расходах
비용지출	покрытие расходов
비용채산성	рентабельность затрат
비용통지서	ведомость издержек
비용한계	лимит расходов

비용항목　статья расходов
비용회수성　окупаемость
비유동자금　неликвидные средства
비율　курс, процент, ставка
비자　виза
　관광비자　туристская виза
　복수비자　виза многократного пользования
　영구비자　постоянная виза
　일반비자　обыкновенная виза
　입국비자　ввозная виза, въездная виза
　출국비자　вывозная виза, выездная виза
　통과비자　транзитная виза
비전용(非轉用)　неисключительное пользование
비즈니스　бизнес
비즈니스맨　бизнесмен, деловые люди
비즈니스실무　деловая практика
비축　запас, резерв
비축물자　материальные резервы
비축상품　товарные резервы
비축원자재　сырьевые резервы
비치외법권지역　зона неисключительного права
비특레허가　неисключительная лицензия
비포장화물　навалочный груз, бестарный груз, насыпной груз, не упакованный груз, груз россыпью, груз без упаковки, незатаренный груз
비현금지급　безналичный платёж
비횡선수표　некроссированный чек

사고　авария
사고비용　аварийные затраты, аварийные издержки
사고조서　аварийный акт
사례금　вознаграждение, гонорар
사립은행　частный банк
사본　дубликат, копия
사양시험　аттестационные испытания
사업　бизнес
사업가　бизнесмен, деловые люди
사업적관심　деловые интересы
사용　пользование
사용 및 수리지침　правила эксплуатации и ремонта
사용권　право пользования
사용료　лицензионный платёж, роялти, сбор
　도크사용료　доковый сбор
　운하사용료　канальный сбор
　창고사용료　складской сбор
　특허사용료　патентный сбор
　항만사용료　портовые сборы
　휘장사용료　гербовый сбор
사용설명서　инструкции по эксплуатации
사용자　пользователь
사용정지　изъятие
사이즈　размер
사자산　мёртвые активы
사전공급　досрочная поставки

사전선적	досрочная отгрузка
사전승낙	предварительный акцепт
사전이용권	право преждепользования
사전인수조서	предварительный протокол приёмки
사전인수추심	инкассо с предварительным акцептом
사증	виза
관광사증	туристская виза
복수사증	виза многократного пользования
영구사증	постоянная виза
일반사증	обыкновенная виза
입국사증	ввозная виза, въездная виза
출국사증	вывозная виза, выездная виза
통과사증	транзитная виза
사증발급	выдача визы
사증심사	визовой контроль
사회기반시설	инфраструктура
사후승낙	последующий акцепт
산업	промышленность
산업견본	промышленный образец
산업기준	промышленные нормативы
산업박람회	промышленная выставка
산업연맹	промышленное объединение
산업의 과학기술발전심화	внедрение научно-технических достижений в промышленность
산업재산권	право на промышленную собственность
산업합리화	рационализация промышленности
산입	зачёт
상고	апелляция, кассация
상공회의소	торгово-промышленная палата
상급법원	инстанции, вышестоящие

상무협상	коммерческие переговоры
상법	торговое право
상사중재	биржевой арбитраж
상사중재원	арбитражная палата
상소	апелляция
상승	повышение
상승비용	подъёмные деньги
상시출품자	постоянный экспонент
상실이익	упущенная выгода, упущенная прибыль
상실이익보험	страхование упущенной выгоды
상업거래	коммерческая сделка
상업광고	коммерческая реклама, торговая реклама
상업기밀	коммерческая тайна
상업대리인	коммерческий агент
상업목적교환	обмен на коммерческой основе
상업서류인수	акцепт коммерческих документов
상업서류추심	инкассация коммерческих документов
상업성	коммерческая эффективность
상업센터	коммерческий центр
상업송장	коммерческая фактура
상업신용장	арный аккредитив
상업어음	коммерческая тратта, коммерческий вексель
상업오퍼	коммерческое предложение
상업융자	коммерческий кредит
상업은행	коммерческий банк
상업이벤트	коммерческие меропиятия
상업전문가	коммерческий эксперт
상업증서	коммерческий акт
상업품질	коммерческое качество
상업할인	коммерческая скидка

상업화   коммерциализация
상업활동   коммерческая деятельность, коммерческие операции
상업회사   коммерческое предприятие
상여금   бонус, надбавка, премиальная надбавка, премиальное вознаграждение, премия
상여적립금   премиальный фонд
상인   коммерсант, продавец, торговец
상임임원   постоянный член
상장   котировка
상표   марка, товарный знак, ярлык
상표등록   регистрация товарного знака
상표등록신청서   заявка на регистрацию товарного знака
상품   товар, партия товара
  거래상품   биржевые товары
  경쟁상품   конкурентоспособный товар
  고유상품   фирменные товары
  공식상품   представительские товары
  기판매상품   запроданный товар
  러시아연방으로 임시반입된 상품   временно ввозимый товар в РФ
  러시아연방으로부터 임시반출된 상품   временно вывозимый товар из РФ
  미판매상품   незапроданный товар
  보험가입상품   застрахованный товар
  브랜드상품   фирменные товары
  비경쟁상품   неконкурентоспособный товар
  수입상품   импортные товары
  수출상품   экспортные товары
  외국생산품   товары иностранного производства
  외국원산지상품   товар иностранного происхождения
  위탁판매상품   консигнационный товар

재수출상품　реэкспортные товары
상품 및 서어비스 분류　классификация товаров и услуг
상품 및 서어비스가격　стоимость товаров и услуг
상품 및 서어비스경쟁력　конкурентоспособность товаров и услуг
상품 및 서어비스수출　экспорт товаров и услуг
상품 운송중보관　хранение товара в пути
상품-자재담보대출　ссуда под товарно-материальные ценности
상품가격인상　товарная наценка
상품가격표　прейскурант на товары
상품거래소　товарная биржа
상품견본목록　каталог образцов товара
상품경매　товарный аукцион
상품경제　товарная экономика
상품공급계약　контракт на поставки продукции
상품관리서류　товарораспорядительные документы
상품관리자　товаровед
상품광고　товарная реклама
상품교환　товарный обмен
상품납입　вклад в товарной форме
상품단위　единица товара
상품담보대출　подтоварная ссуда
상품담보융자　товарный кредит
상품덤핑　товарный демпинг
상품명　наименование товара
상품명세서　товарная спецификация
상품반송　возврат товара
상품발표　презентация товара
상품범위　товарный ассортимент
상품보상　товарная компенсация
상품생산자　товаропроизводитель

상품생산지　　место производства товара
상품선적준비　　готовность товара к отгрузке
상품선적준비완료통지　　извещение о готовности товара к погрузке
상품소개　　презентация товара
상품수량부족　　недостача товара
상품수령인　　получатель товара
상품수요　　спрос на товары
상품수출　　вывоз товара
상품시장　　товарный рынок
상품어음　　подтоварный вексель
상품업무　　товарные операции
상품여분　　излишки товаров
상품원산지　　место происхождения товара, происхождение товара
상품원산지증명서　　свидетельство о происхождении товара
상품유통　　товарооборот
상품유통을 수반하지 않는 세금　　налог с нетоварных операций
상품유통조서　　протокол о товарообороте
상품유형　　товарный вид
상품융자　　подтоварный кредит
상품인수준비　　готовность товара к приёмке
상품자재가치　　товарно-материальные ценности
상품자재재고　　товарно-материальные запасы
상품재고　　товарные запасы
상품전문용어　　номенклатура товаров
상품전시　　показ товара
상품주문　　заказ на товар
상품중재　　товарный арбитраж
상품진열　　выкладка товара
상품출시　　выпуск товара на рынок
상품품목　　товарная позиция

상품품종	товарный ассортимент
상호결제	взаимные расчёты
상호결제잔고	сальдо взаимных расчётов
상호공급	взаимные поставки
상호공급계약	контракт на взаимные поставки
상호공급량	объём взаимных поставок
상호공급제품	взаимопоставляемые изделия
상호교환	взаимообмен
상호대출	взаимное кредитование
상호의무	взаимные обязательства
상호이익	взаимная выгода
상호이익관계	взаимовыгодные отношения
상호이익적 협력	взаимовыгодное сотрудничество
상호필요물품교환	обмен взаимодополняющей продукцией
상호허가	взаимное лицензирование
상환	возврат, погашение, рамбурсирование
대부상환	возврат займа, возврат ссуды
대출상환	возврат кредита
부채상환	возврат долга
상환부채	погашенный долг
상환융자	возвратное кредитование
상환적립금	фонд погашения
상환청구권	право регресса
색인	индекс
샘플	образец
생산	выпуск, производство
국내생산	отечественное производство
미완생산	незавершённое производство
수입대체생산	импортозамещающее производство
수출생산	экспортное производство

연속생산	серийное производство
외국생산	иностранное производство
합작생산	совместное производство
협동생산	кооперированное производство
흑자생산	прибыльное производство
생산공장	завод-изготовитель
생산관계	производственные связи
생산기금	производственные фонды
생산량	объём производства
생산발전비용	затраты на развитие производства
생산비용	издержки производства, производственные расходы
생산비용견적	смета затрат на производство
생산사회기반시설	производственная инфраструктура
생산성	производительность, эффективность производства
생산연맹	производственное объединение
생산자	производитель, изготовитель, продуцент
생산자보증	гарантия изготовителя
생산자원	производственные ресурсы
생산전문화	специализация производства
생산전문화 및 협력에 관한 협약	соглашение о производственной специализации и кооперировании
생산지	место производства
생산지포장	ричная упаковка
생산진흥기금	фонд развития производства
생산품	продкуция
생산현대화	модернизация производства
생산협동조합	производственный кооператив, производственная кооперация
생산협력	производственное сотрудничество
생산협력계약	договор о производственной кооперации

생산협력에 관한 협약　соглашение о производственной кооперации

생산환경검사　проверка в производственных условиях
생중량　живой вес
생태균형복구를 위한 비용　затраты на восстановление экологического равновесия
생태표준　экологический стандарт
서류　документ
  결제서류　расчётные документы
  공증서류　правовые документы
  대금지불서류　платёжные документы
  보험서류　страховые документы
  부속서류　сопроводительные документы
  상품관리서류　товарораспорядительные документы
  선적서류　погрузочные документы
  설립서류　учредительные документы
  세관서류　таможенные документы
  운송서류　перевозочные документы
  유통서류　оборотный документ
  인수도서류　документы против акцепта
  창고서류　складские документы
  표준공증서류　нормативно-правовые документы
  표준기술서류　нормативно-технические документы
  화물서류　грузовые документы
  회계서류　бухгалтерские документы
서류감사　проверка ведения документации
서류상환부승낙　акцепт против документов
서류완비　комплектация документов
서류완비도　комплектность документации
서류요건　реквизиты документов

서류원본　оригинал документа
서류유효기간경과　недействительность документов
서류인수부 송금　перевод против документов
서류작성　оформление документов
　견적서작성　сметная документация
　결산서작성　расчётная документация
　기술증명서류작성　техническая документация
　명세서작성　сертификационная документация
　설계문서작성　проектная документация
　예산견적서류작성　проектно-сметная документация
　운송서류작성　транспортная документация
　입찰서류작성　тендерная документация
서류증명　документация
서류철　пакет документов
서류추심　инкассо против документов, документарное инкассо
서류추심식결제　расчёт в форме документарного инкассо
서명견본　образец подписи
서명권　право подписи
서식용지　бланк
서신　письмо
서비스　обслуживание, сервис, сервисное обслуживание, услуга
　관광서비스　туристское обслуживание
　광고서비스　рекламные услуги
　기술수출서비스　обслуживание экспортируемой техники
　대리점서비스　агентское обслуживание
　리스서비스　лизинговое обслуживание
　마케팅서비스　маркетинговые услуги
　무상서비스　бесплатные услуги
　보증서비스　гарантийное обслуживание
　복합운송서비스　транпортно-экспедиторское обслуживание

복합운송서비스　транспортно-экспедиторские услуги
선적하역서비스　погрузочно-разгрузочное обслуживание
수송서비스　транпортное обслуживание
애프터서비스　послепродажное обслуживание
엔지니어링서비스　инжиниринговые услуги
운송서비스　перевозок обслуживание, транспортные услуги
유상서비스　платные услуги
은행서비스　банковские услуги
의료서비스　медицинское обслуживание
임대서비스　лизинговое обслуживание
정기점검서비스　профилактическое обслуживание
정보서비스　информационное обслуживание
중개서비스　брокерское обслуживание, посреднические услуги
컨설팅서비스　консультационные услуги
판매전서비스　предпродажное обслуживание
판매후서비스　послепродажное обслуживание
포워딩서비스　транпортно-экспедиторское обслуживание
현금서비스　кассовое обслуживание
서비스계약　контракт на оказание услуг
서비스기간　срок службы
서비스범위　объём услуг
서비스센터　бюро услуг
서비스전문용어　номенклатура услуг
서비스제공대출　ссуда под оказанные услуги
석유수출국기구 (OPEC)　Организация стран экспертов нефти [ОПЕК]
선금　аванс
선급　авансовый платёж
선급계정　авансовый счёт
선급금지급　выдача аванса, выплата авансом
선급어음　авансовый вексель

선물계약	фьючерсная сделка, контракт фьючерсный
선물판매	продажа на срок
선박	судно
선박검사관증서	акт сюрвейера
선박도착통지	извещение о прибытии судна
선박위치	позиция судна
선박입항예정통보	нотис о предполагаемом подходе судна
선박입항예정통지	извещение о предполагаемом подходе судна
선박중개인	судовой брокер
선박하역	разгрузка судна
선별	сортировка
선별검사	выборочная проверка
선불	аванс, авансовый платёж
선불식결제	расчёт в форме авансовых платежей
선의적사용자	добросовестный пользователь
선임시장	фрахтовый рынок
선임우대	фрахтовые льготы
선임율	фрахтовые ставки
선임증서	фрахтовый полис
선장신고	декларация капитана
선장인수증	расписка капитана
선장지시서	нотис капитана
선장항의서	капитанский протест
선적	погрузка, отгрузка
선적기간	лейдейс
선적기한	срок отгрузки
선적명세서	отгрузочная спецификация
선적비용	расходы по погрузке товара
선적서류	погрузочные документы
선적선하증권	бортовой коносамент

선적수취선하증권　коносамент ＜принято на борт＞
선적순서　очередь на погрузку
선적시간　время на погрузки
선적요건　отгрузочные реквизиты
선적의뢰　отгрузочное поручение
선적일정　график отгрузок
선적전중량　вес до отгрузки
선적조건　условия отгрузки
선적준비완료통지　извещение о готовности судна к погрузке
선적중량　отгрузочный вес
선적지　пункт погрузки
선적지시서　грузовой ордер, ордер на погрузку, погрузочный ордер
선적지체　задержка в отгрузке
선적통지　извещение об отгрузке
선적통지서　нотис о готовности судна к погрузке
선적하역서어비스　погрузочно－разгрузочное обслуживание
선적하역업무　погрузочно－разгрузочные операции
선적항(船積港)　порт погрузки, порт отгрузки
선적항(船籍港)　порт приписки
선적후중량　погруженный вес
선주　владелец судна
선주측대리인　агент судовладельца
선주측중개인　брокер судовладельца
선진7개국(G7)　Страны большой семерки
선착장　причал
선측인도가격　франко вдоль борта судна
선택사양　опцион
선하증권(B/L)　коносамент
　무사고선하증권　чистый коносамент
　선적선하증권　бортовой коносамент

선적수취선하증권　коносамент <принято на борт>
운송선화증권　транспортный коносамент
유통불능선하증권　коносамент без права передачи
조건부선화증권　коносамент с оговорками
지시식선화증권　ордерный коносамент
직접선화증권　прямой коносамент
창고수취선하증권　складской коносамент
통과선하증권　сквозной коносамент
하운(河運)선화증권　речной коносамент
선하증권견적　проформа коносамента
선하증권중량　коносаментный вес
선하증권표시　пометка в коносаменте
선하증권표식　отметка в коносаменте
설계건축업무　проектно-конструкторские работы
설계문서작성　проектная документация
설계비용견적　смета на проектные работы
설계자　проектировщик
설계조사업무　проектно-изыскательские работы
설립　учреждение
설립서류　учредительные документы
설립자　учредитель
설립자본　уставный капитал
설립자본불입금　взнос в уставный фонд
설립파트너　партнёры-учредители
설명서　паспорт
설문서　анкета
설비　оборудование, монтаж
　박람회설비　выставочное оборудование
　수입설비　импортное оборудование
　신용구매설비　закупленное оборудование в счёт кредита

일괄설비　　комплектующее оборудование
종합설비　　комплектное оборудование
설비가동준비　　готовность оборудования к пуску в эксплуатацию
설비교체　переоборудование
설비시험준비완료통지　　извещение о готовности оборудования
　　　　　　　　　к испытаниям
설비완비도　комплектность оборудования
설비임대비용　　расходы по лизингу оборудования
설비준비과정검사　　проверка хода изготовления оборудования
설탕거래소　биржа сахара
성（省）　министерство
세계경제　мировая экономика
세계경제관계　　мирохозяйственные связи
세계무역　мировая торговля
세계무역기구（WTO）　Всемирная Торговая Организация [ВТО]
세계보건기구（WHO）　Всемирная организация здравоохранения [ВОЗ]
세계시장　всемирная ярмарка
세계협약　мировое соглашение
세관　таможня, таможенное учреждение
세관검사　таможенный осмотр, таможенный досмотр
세관검사인　таможенный инспектор, таможенный уполномоченный
세관검사증서　акт таможенного досмотра
세관관리국　таможенное управление
세관규정　таможенный режим, таможенные предписания
세관봉쇄　таможенная блокада
세관서류　таможенные документы
세관수령증　таможенная расписка
세관수속　таможенные формальности
세관수수료　таможенный сбор
세관신고　таможенная декларация

세관심사	таможенный контроль
세관증서	таможенная закладная
세관창고	таможенный склад
세관통관절차	таможенная очистка
세관허가	разрешение таможни, таможенная лицензия
세관화물증권	таможенный варрант
세관화물통과	пропуск товаров через таможню
세금	налог, пошлина, сбор
간접세	косвенный налог
계절세	сезонная пошлина
관세	таможенная пошлина, таможенный налог
국세	государственный налог
등록세	регистрационная пошлина
매입세	налог на покупку
부가가치세	налог на добавленную стоимость
상품유통을 수반하지 않는 세금	налог с нетоварных операций
소득세	налог с дохода, подоходный налог
소비세	акцизная пошлина
수입세	импортный налог
수출세	экспортный налог
이윤세	налог на прибыль
자산세	налог на капитал
종가세	адвалорный налог
종량세	специфическая пошлина
지방세	местный налог
직접세	прямой налог
초과이윤세	налог на сверхприбыль
추징세	дополнительный налог
통화세	валютная пошлина, денежный налог
특허세	патентная пошлина

판매세	налог с оборота
항만세	портовая пошлина
허가세	лицензионная пошлина
현물세	натуральный налог
세금계산	исчисление налога
세금공제	удержание налога ,налоговые вычеты
세금면제	освобождение от налогов
세금미납	неуплата налогов
세금부과	налогообложение, обложение налогом, обложение пошлиной
세금신고	налоговая декларация
세금인하	снижение галогов
세금징수	взыскание налогов
세금차액	налоговая разница
세금환급	возврат суммы налога
세무조사인	налоговый инспектор
세율	налоговая ставка
센터	центр
국제무역센터	центр международной торговли
금융결제센터	расчётный центр
무역센터	торговый центр
상업센터	коммерческий центр
위탁판매센터	консигнационный центр
컨설팅센터	консультационный центр
소개견본	ознакомительный образец
소개서	проспект
소규모 연안항해	малый каботаж
소규모사업	малый бизнес
소득	доход
고정소득	фиксированный доход
과세소득	облагаемый доход налогом

국민소득　национальный доход
금전소득　денежный доход
기업소득　доход предприятия
독립채산소득　хозрасчётный доход
명목소득　номинальный доход
순소득　чистый доход
실질소득　реальный доход
연간소득　годовой доход
외화소득　валютный доход
이자소득　процентный доход
임대소득　рентный доход
총소득　валовой доход
판매소득　доход от запродаж
표준소득　нормативный доход
소득세　подоходный налог, налог с дохода
소매　розничная продажа
소매가격　розничная цена
소매가격인상　розничная наценка
소매구매　покупка в розницу
소매무역　розничная торговля
소모　износ
소비　трата
소비세　акцизная пошлина
소비자　потребитель
소비절약　экономия в расходах
소비협동조합　потребительский кооператив, потребительская кооперация
소송　иск, жалоба
　대응소송　встречный иск
　물적소송　вещный иск
　법정소송　судебный иск

손실청구소송　иск об убытках
특허소송　патентный иск
소송금액　исковая сумма
소송비용　судебная пошлина, судебные издержки
소유　собственность
소유권　право собственности
소유분불입　долевой взнос
소유자　владелец
소인　штемпель
소지인　владелец, предъявитель
손상　дефект, порча, повреждение
손실　потеря, убыток, ущерб, утрата
 간접손실　косвенный ущерб, косвенные убытки
 금융손실　финансовые потери
 금전손실　денежный ущерб, денежные убытки
 기대손실　ожидаемые потери
 물자손실　материальные потери
 물적손실　материальный ущерб, материальные убытки
 보험손실　страховой убыток
 통화손실　валютные потери
 해손손실　аварийные убытки
 환율손실　курсовые потери
손실변제　покрытие убытков
손실보상　возмещение потери, возмещение убытков, компенсация за ущерб, компенсация убытков, компенсация потерь
손실청구　взыскание убытков
손실청구소송　иск об убытках
손해　потеря, убыток, ущерб, утрата
손해보상　возмещение ущерба

손해보험　страхование убытков
송금　перечисление, перевод, римесса
송금률　курс перевода
송금수령인　получатель перевода
송금은행　банк-ремитент
송금의뢰　переводное поручение
송금인　ремитент, переводоотправитель
송금통지(서)　авизо
송금통화　валюта перевода
송달　пересылка
송부　пересылка
송장　фактура, накладная, счёт
　육상화물송장　автодорожная накладная
　철도화물송장　железнодорожная накладная
　통과화물송장　сквозная накладная
　하운(河運)송장　речная накладная
　항공화물송장　авиагрузовая накладная
　화물송장　грузовая накладная
송장가격　фактурная стоимость, фактурная цена
송장명세서　фактура-спецификация, счёт-фактура
송장중량　фактурный вес
송하인　товароотправитель, грузоотправитель, отправитель груза, комитент, консигнант
송하인명　наименование отправителя
송하인신고　декларация грузоотправителя
송하인지정하역항　порт выгрузки по выбору отправителя
송하인창고　склад отправителя
쇄신　реновация
수공업　промысел
수단　средства

결제수단	средства платежа
운송수단	перевозочные средства

수량　количество
수량검사　проверка количества
수량클레임　претензия по количеству
수령　акцепт
...수령위임장　доверенность на получение ...
수령인　реципиент, бенефициант, получатель
   금전수령인　получатель денег
   대출수령인　получатель кредита
   상품수령인　получатель товара
   송금수령인　получатель перевода
   지급수령인　получатель платежа
   최종수령인　конечный получатель
   허가수령인　получатель лицензии
   화물수령인　получатель груза
수령증　квитанция
   예금수령증　депозитная квитанция
   우편수령증　почтовая квитанция
   창고수령증　складская квитанция
   철도수령증　железнодорожная квитанция
   현금수령증　квитанция в получении денег
   화물수령증　грузовая квитанция
수령증서　акт приёмки
수리　ремонт, монтаж
수선　ремонт
수송　транспорт, провоз
수송서어비스　транпортное обслуживание
수송업무　транспортные операции
수수료　комиссия, вознаграждение, комиссионное вознаграждение,

	комиссионное поручение, сбор
감사수수료	ревизионная комиссия
감정수수료	экспертная комиссия
감정평가수수료	оценочная комиссия
검사수수료	сювейерский сбор
대리점수수료	агентская комиссия
대외무역중재수수료	внешнеторговая арбитражная комиссия
대출이행수수료	комиссия за обязательство предоставить кредит
등록수수료	регистрационный сбор
복합수수료	смешанная комиссия
복합운송수수료	транспортно-экспедиторская комиссия
세관수수료	таможенный сбор
영사수수료	консульский сбор
은행수수료	банковская комиссия
이행수수료	комиссия за обязательство
인수수수료	акцептная комиссия
중개수수료	брокерская комиссия, комиссионный сбор, маклерский сбор
중재수수료	арбитражная комиссия, арбитражный сбор
증명수수료	аттестационная комиссия
책임보상수수료	комиссия за обязательство
청산수수료	ликвидационная комиссия
추심수수료	инкассовая комиссия
허가수수료	лицензионный сбор
수수료공제금	комиссионные отчисления
수수료비용	комиссионные расходы
수수료비율	комиссионный процент
수수료판매	комиссионная продажа
수신인	адресат
수신인기명화물	адресованный груз

수요　потребность, спрос, запрос
　개인수요　потребность в персонале
　경제수요　экономические потребности
　계절수요　сезонные потребности
　구매수요　покупательный спрос
　대출수요　кредитные потребности, спрос на кредит
　물자수요　материальные потребности
　상품수요　спрос на товары
　시장수요　потребности рынка, спрос на рынке
　외환수요　потребность в иностранной валюте
　현재수요　текущие потребности
수요분석　анализ спроса
수요산출　учёт спроса
수요충족　удовлетворение спроса, покрытие спроса
수요포화　насыщение спроса
수의보건증서　ветеринарный сертификат
수익　выгода, прибыль
수익기준　норма прибыли
수익률　процент прибыли
수익배분　распределение доходов
수익성　рентабельность
수익성계획　план прибыли
수익손실계좌　счёт прибылей и убытков
수익자　бенефициант
수입(輸入)　импорт, ввоз
수입(收入)　доход, поступления
수입-지출 분석　анализ доходов и расходов
수입가격　импортная цена
수입공급　импортные поставки
수입관세　импортный тариф

수입금지　　запрещение ввоза, запрещение на импорт
수입금지품　　запрещённый товар к ввозу
수입대리인　　импортный агент
수입대체생산　　импортозамещающее производство
수입대체품　　импортозамещающая продкуция
수입대행회사　　импортозамещающее предприятие
수입배당　　ввозные контингенты
수입보너스　　импортная премия
수입상품　　импортные товары
수입세　　импортный налог, ввозная пошлина, импортная пошлина
수입승인　　разрешение на импорт, импортная лицензия
수입예산　　доходный бюджет
수입의뢰　　импортное поручение
수입자　　импортёр
수입자국가통화　　валюта страны-импортёра
수입자금조달　　финансирование импорта
수입자산　　вырученные средства
수입자유화　　либерализация импорта
수입장비　　импортное оборудование
수입제한　　импортные ограничения
수입조절　　регулирование импорта
수입지　　пункт ввоза, пункт ввоза
수입쿼타　　импортная квота
수입품　　импортная продкуция
수입품목　　статья импорта
수입허가　　импортная лицензия
수입화물　　импортный груз
수입활동　　импортные операции
수정　　поправка, модификация, ревизия
수지(收支)　　баланс

수출	экспорт, вывоз
수출가격	экспортная цена
수출거래	экспортная сделка
수출공급	экспортные поставки
수출관세	экспортный тариф
수출광고	экспортная реклама
수출금융대출	кредитование экспортных операций
수출금지	запрещение вывоза, запрещение на экспорт
수출금지품	запрещённый товар к вывозу
수출기술장비의 수리	ремонт экспортируемой техники
수출다변화	диверсификация экспорта
수출대리인	экспортный агент
수출마크표시	экспотная маркировка
수출보너스	экспортная премия
수출보증	вывозная гарантия
수출상품	экспортные товары
수출생산	экспортное производство
수출서어비스	экспортный сервис
수출세	вывозная пошлина, экспортная пошлина
수출세	экспортная пошлина, экспортный налог
수출수입(輸出收入)	экспортные поступления
수출승인	разрешение на экспорт, экспортная лицензия
수출신고	экспортная декларация
수출신용장	портный аккредитив
수출융자	экспортный кредит
수출이행	экспортное исполнение
수출이행추가요금	надбавка за экспортное исполнение
수출입계획	план экспорта и импорта товаров
수출입공급	поставки, экспортно-импортные поставки
수출입공급전문용어	номенклатура экспортно-импортных поставок

수출입규범　нормирование ввоза и вывоза
수출입봉쇄　эмбарго
수출입상품배당　контингентирование ввоза и вывоза товаров
수출입업무결제　расчёт по экспортно-импортным операциям
수출입은행　экспортно-импортный банк
수출입허가(증)　лицензия
수출입허가제도　лицензионная система ввоза и вывоза
수출입화물검사　экспертиза экспортных и импортных товаров
수출입화물보험　страхование экспортно-импортных грузов
수출입활동　экспортно-импортные операции
수출자국가통화　валюта страны-экспортёра
수출자금조달　финансирование экспорта
수출제한　экспортные ограничения
수출주문　экспортный заказ
수출지　пункт экспорта, пункт вывоза
수출진흥촉진법　закон о стимулировании экспорта
수출촉진　поощрение экспорта
수출쿼타　экспортная квота
수출판매　продажа на экспорт
수출포장　портная упаковка
수출품　экспортная продукция
수출품목　статья экспорта
수출품범위　экспортный ассортимент
수출허가　экспортная лицензия
수출화물　экспортный груз
수출회사　фирма-экспортёр
수취인　получатель, переводополучатель
수탁자　депозитарий
수표　чек
　결제수표　расчётный чек

기명수표	именной чек
백지수표	бланковый чек
보통수표	открытый чек
부도수표	неакцептованный чек
비횡선수표	некроссированный чек
여행자수표	туристский чек
외국수표	иностранный чек
은행수표	банковский чек
인수거부수표	опротестованный чек
인수수표	акцептованный чек
자기앞수표	чек на предъявителя
지시식수표	ордерный чек
횡선수표	кроссированный чек
수표발행인	чекодатель
수표소지인	чекодержатель
수표식결제	расчёт в форме чеков
수표율	чековый курс
수표인수	чековый акцепт
수표지급	платёж по чеку, платёж чеком
수표횡선	кроссирование чека
수하물	багаж
수하물검사	досмотр багажа
수하인	товарополучатель, получатель груза, грузополучатель, грузоприёмщик, консигнатор
수하인명	наименование получателя
수하인창고	склад получателя
순 (純)	нетто
순가격	цена нетто, чистая стоимость
순금액	чистая сумма
순매상고	выручка нетто

순소득   чистый доход
순수입(純收入)   чистые поступления
순이율   нетто-процент
순이익   чистая прибыль, прибыль нетто, остаточная прибыль
순중량   вес нетто, чистый вес
순중량대비 총중량   вес брутто за нетто
순지급   платёж нетто
순차인수추심   инкассо с последующим акцептом
순차지급   очередной платёж
순톤수대비총톤수   брутто за нетто
순환기금   оборотный фонд
순환자금   оборотные средства
순환자본   оборотный капитал
순회신용장   кулярный аккредитив
스왑(교환)   своп
스왑거래   обменная сделка
스위치(전환)   свитч
스윙(변동)   свинг
스윙융자   свинговый кредит
스탬프   штемпель
스테그플레이션   стагфляция
승낙   акцепт
  부분승낙   частичный акцепт
  사전승낙   предварительный акцепт
  사후승낙   последующий акцепт
  서류상환부승낙   акцепт против документов
  제한승낙   ограниченный акцепт
  조건부승낙   условный акцепт
승인   разрешение, одобрение, апробация
시가   котировка

시간표	расписание	
시동	ввод в эксплуатацию	
시세	котировка, курс, таска	
개장시세	котировка при открытии биржи, курс при открытии биржи	
거래시세	биржевая котировка, биржевой курс	
당일시세	курс дня	
마감시세	заключительный курс	
시장시세	рыночная котировка, рыночный курс	
예비시세	предварительная котировка	
유가증권시세	курс ценных бумаг	
주식시세	котировка акции, курс акций	
통화시세	валютная котировка	
폐장시세	котировка при закрытии биржи	
항목시세	попозиционная котировка	
시세공고	курсовой бюллетень	
시세위험	курсовой риск	
시스템	система	
시장	рынок, ярмарка	
구매자시장	рынок покупателя	
국제시장	международная ярмарка	
단거리수송시장	рынок короткопробежных перевозок	
대부자본시장	рынок ссудных капиталов	
대외시장	внешний рынок	
도매시장	оптовая ярмарка	
분야별시장	отраслевая ярмарка	
상품시장	товарный рынок	
선임시장	фрахтовый рынок	
세계시장	всемирная ярмарка	
신용시장	кредитный рынок	
외환시장	валютный рынок	

유가증권시장	рынок ценных бумаг
자본시장	рынок капитала
재래시장	традиционная ярмарка
전문시장	специализированная ярмарка
전통시장	традиционная ярмарка
추계시장	осенняя ярмарка
춘계시장	весенняя ярмарка
판매시장	рынок сбыта
판매자시장	рынок продавца
시장가격	рыночная стоимость, рыночная цена
시장거래	рыночная сделка
시장경기	конъюнктура рынка
시장경쟁	рыночная конкуренция
시장경제	рыночная экономика
시장분석	анализ рынка
시장성제품	товарная продукция
시장수요	потребности рынка, спрос на рынке
시장시세	рыночная котировка, рыночный курс
시장위원회	ярмарочный комитет
시장율	рыночная ставка
시장조사	маркетинг
시장침체	вялость рынка
시장쿼타	рыночная квота
시장포화	насыщение рынка
시청각광고	аудио-визуальная реклама
시험	испытание
가동시험	пусковые испытания, эксплуатационные испытания
검사시험	контрольные испытания, пробные испытания
공장시험	заводские испытания
국가시험	государственные испытания

보증시험	гарантийные испытания
사양시험	аттестационные испытания
시험실시험	лабораторные испытания
예비시험	предварительные испытания
인수시험	приёмочные испытания
작동시험	испытания в рабочих условиях
시험견본	испытательный образец опытный образец
시험물품	опытная партнёр
시험실시험	лабораторные испытания
시험주문	пробный заказ
시험증명서	акт испытании, сертификат испытаний
식료품수입자	импортёр продовольственных товаров
신고(서)	декларация, нотификация, манифест
선장신고	декларация капитана
세관신고	таможенная декларация
세금신고	налоговая декларация
송하인신고	декларация грузоотправителя
수출신고	экспортная декларация
외환신고	валютная декларация
신고이익	объявленная прибыль
신문광고	газетная реклама
신사협약	джентльменское соглашение
신상품우대	льготы по новизне
신용	кредит
신용갱신	возобновление кредита
신용결제	расчёт в кредит
신용결제업무	кредитно-расчётные операции
신용계약	кредитный договор
신용계좌	кредитный счёт
신용관계	кредитные отношения

신용구매　покупка в кредит
신용구매설비　закупленное оборудование в счёт кредита
신용기관　кредитное учреждение
신용기금　кредитные фонды
신용능력　кредитоспособность
신용능력조사　проверка кредитоспособности
신용대부　кредит
신용대출기한　срок предоставления кредита
신용대출변제기한　срок погашения кредита
신용대출변제조건　условия погашения кредита
신용대출조건　условия предоставления кредита
신용보상　возмещение кредита
신용보증　кредитное поручительство, обеспечение кредита
신용보험　страхование кредитов
신용봉쇄　кредитная блокада
신용부채　задолженность по кредиту
신용시장　кредитный рынок
신용업무　кредитные операции
신용위험　кредитный риск
신용자금　кредитные средства
신용장 (L/C, Letter of credit))　аккредитив, аккредитивное письмо
　...까지 유효한 신용장　аккредитив сроком действия на ...
　기명식신용장　выставленный аккредитив на кого-либо
　무기명신용장　бланковый аккредитив
　무담보신용장　чистый аккредитив
　미확인신용장　неподтверждённый аккредитив
　back-to-back 신용장　компенсационный аккредитив
　분할신용장　делимый аккредитив
　분할지불신용장　аккредитив с платежом в рассрочку
　상업신용장　товарный аккредитив

수출신용장	экспортный аккредитив
순회신용장	циркулярный аккредитив
양도가능신용장	переводный аккредитив
양도불능신용장	непереводный аккредитив
장기신용장	долгосрочный аккредитив
취소불능신용장	безотзывный аккредитив
현금신용장	аккредитив в наличной форме
화물환신용장	документарный аккредитив
확인신용장	подтверждённый аккредитив
회전신용장	револьверный аккредитив, автоматически возобновляемый аккредитив
신용장 개설통보	авизо об открытии аккредитива
신용장개설의뢰	поручение на открытие аккредитива
신용장개설지체	задержка в открытии аккредитива
신용장결제	расчёт аккредитивами, покрытие аккредитива
신용장변경	изменение аккредитива
신용장서류식결제	расчёт в форме документарного аккредитива
신용장소지인	владелец аккредитива
신용장식지급	платёж в форме аккредитива
신용장연기	продление аккредитива
신용장연장	пролонгация аккредитива
신용장지급	платёж по аккредитиву
신용정책	кредитная политика
신용제도	кредитная система
신용조건부공급	поставка на условиях кредита
신용지급	выплата по кредитам, платёж в счёт кредита
신용차입금	задолженность по кредиту
신용채무미지불	неуплата задолженности по кредиту
신용카드	кредитная карточка
신용통화	валюта кредита

신용판매	продажа в кредит
신용한도	лимит кредитования
신용협약	кредитное соглашение
신청(서)	заявка, заявление
계좌개설신청서	заявление на открытие счёта
대부신청서	заявка на получение ссуды
대출신청서	заявка на кредит
박람회참가신청서	заявка на участие в выставке
발명신청서	заявка на изобретение
상표등록신청서	заявка на регистрацию товарного знака
입찰참여신청서	заявка на участие в торгах
재반입신청서	заявление об обратном вывозе
해상이의신청서	заявление морского протеста
허가서발급신청서	заявление о выдаче разрешения
화물운송신청서	заявка на перевозку грузов
신청서류작성	заявочная документация
신청우선권	приоритет заявки
신축가격	скользящая цена
신축가격에 관한 약관	оговорка о скользящей
신축관세	скользящий тариф
신축평가	скользящий паритет
실무	практика
실무팀	рабочая группа
실물크기견본	образец в натуральную величину
실업가	коммерсант
실업계	деловые круги
실외광고	наружная реклама
실제가격	реальная стоимость
실제비용	фактические затраты
실중량	фактический вес

실질소득 реальный доход
실험작업 экспериментальная работа
심사 контроль, экспертиза, ревизия
  국가심사 государственная экспертиза
  기술서류심사 экспертиза технической документации
  기술심사 техническая экспертиза
  독립심사 независимая экспертиза
  수출입화물심사 экспертиза экспортных и импортных товаров
  은행심사 банковская экспертиза
  특허심사 патентная экспертиза
심포지움박람회 выставка-симпозиум
쌍무교섭 двусторонние контакты
쌍무협상 двусторонние переговоры
쌍무협약 двустороннее соглашение
쌍방권리관계 правоотношения сторон
쌍방의무 обязанности сторон

아시아-태평양경제협력체 (APEC)　Организация Азиатско-Тихоокеанского сотрудничества [АТЭС]
아시아 태평양경제사회이사회 (ESCAP)　Экономическая и социальная комиссия ООН для Азии и Тихого Океана [ЭСКАТО]
아시아개발은행 (ADB)　Азиатский банк развития [АБР]
안내실　бюро обслуживания
안정조직　внедренческая организация
안정통화　устойчивая валюта
암시장　чёрная биржа
앙케이트　анкета
애프터서어비스　послепродажное обслуживание, послепродажный сервис
액면가격　купюра
액면가격　номинал, нарицательная стоимость, номинальная стоимость,
액면금액　нарицательная сумма, номинальная сумма
액상화물　наливной груз
약관　оговорка
　가격상승에 관한 약관　оговорка о повышении цен
　가격하락에 관한 약관　оговорка о падении цен
　대위변제에 관한 약관　оговорка о суброгации
　벙커용기사용에 관한 약관　бункерная оговорка
　복합통화에 관한 약관　мультивалютная оговорка
　불가항력에 관한 약관　оговорка о форс-мажоре
　비반송에 관한 약관　безоборотная оговорка
　신축가격에 관한 약관　оговорка о скользящей
　전손약관　оговорка о всех рисках
　중재약관　арбитражная оговорка

최혜국대우에 관한 약관　оговорка о наибольшем благоприятствование
통화약관　валютная оговорка
파업에 관한 약관　оговорка о забастовках
약속어음　простой вексель
약정　обязательство
약정가격　договорная цена
약정관계　договорные отношения
약정로열티　договорное роялти
약정벌과금　договорный штраф
약정안　проект договора, проект контракта
약정의무　договорные обязательства
약정제재　договорные санкции
약정허가　договорное лицензирование, договорная лицензия
양(量)　объём
　공급량　объём поставки
　매입량　объём закупок
　상호공급량　объём взаимных поставок
　생산량　объём производства
　운송량　объём перевозок
　조합식수출입물량　объём экспортно-импортных поставок по кооперации
　주문량　объём заказа
　총상품판매량　объём выручки от реализации продукции
　판매량　объём запродаж
　화물량　объём партии
양도　уступка, передача, перевод, индоссамент, жиро
　권리양도　передача прав
　무상양도　безвозмездная передача
　전권양도　передача полномочий
　참여지분양도　передача доли участия

화물양도	передача груза
양도가능루블화	переводный рубль
양도가능신용장	еводный аккредитив
양도불능신용장	непереводный аккредитив
양도불능허가	лицензия без права передачи
양도증서	акт об уступке, димайз－чартер
양륙	выгрузка, лэндинг
양륙기간	лейдейс
양륙을 위한 선박준비	готовность судна к выгрузке
양보	уступка
양자거래	двусторонняя сделка
양자계약	двусторонний договор
양자교섭	двусторонние контакты
양자어음교환	двусторонний клиринг
어음	вексель, тратта
금융어음	финансовый вексель
기한부어음	срочная тратта
기한초과어음	просроченный вексель
단기어음	краткосрочный вексель
대응어음	встречный вексель
무역어음	торговая тратта, торговый вексель
배서어음	вексель с передаточной надписью
백지어음	бланковый вексель
부도어음	неоплаченный вексель, просроченный вексель
상업어음	коммерческая тратта, коммерческий вексель
상품어음	подтоварный вексель
선급어음	авансовый вексель
약속어음	простой вексель
연기어음	пролонгированный вексель
우량어음	первоклассный вексель

유예어음	пролонгированный вексель
융통어음	дружеский вексель
은행어음	банковская тратта, банковский вексель
이의제기어음	опротестованный вексель
인수도어음	акцептованная тратта
인수어음	акцептованный вексель
일람불어음	вексель на предъявителя, предъявительский вексель
장기어음	долгосрочный вексель
재할인어음	переучтённый вексель
정기불어음	срочный вексель
지불장소지정어음	домицилированный вексель
할인어음	учтённый вексель
화물환어음	документированная тратта
환어음	переводный вексель, тратта
어음교환	клиринг
강제어음교환	принудительный клиринг
다자어음교환	многосторонний клиринг
양자어음교환	двусторонний клиринг
은행어음교환	банковский клиринг
일방어음교환	односторонний клиринг
통화어음교환	валютный клиринг
어음교환계약	клиринговое соглашение
어음교환소	клиринговая палата
어음교환은행	клиринг-банк
어음발행	трассирование
어음발행수	экземпляр векселя
어음발행인	векселедатель, адресант, трассант
어음배서인	индоссант
어음보증	аваль, аваль векселя
어음보증양도인	жират

어음보증인	жирант
어음소지인	векселедержатель
어음수령인	векселеполучатель, адресат, трассат
어음수취인	векселеполучатель, адресат, трассат
어음식보증	обеспечение в виде векселей
어음연장	пролонгация векселя
어음인수	акцепт тратты
어음인수거절증명서	протест векселя
어음재할인	переучёт векселя
어음제시인	векселепредъявитель
어음중개인	вексельный маклер
어음할인	дисконтирование векселей, учёт векселей, учёт тратт
어음할인료	дисконт, дисконт векселей
어음할인율	учётный процент
어음환	валюта векселя
업무	работа, операция
거래소업무	биржевые операции
결제업무	расчётные операции
금융업무	финансовые операции
대출결제업무	кредитно-расчётные операции
리스업무	лизинговые операции
물품교환업무	товарообменные операции
상품업무	товарные операции
설계건축업무	проектно-конструкторские работы
설계조사업무	проектно-изыскательские работы
수송업무	транспортные операции
신용업무	кредитные операции
연계매매업무	операции по хеджированию
연구개발업무	научно-исследовательские и опытно-конструкторские работы

연구업무 научно-исследовательская работа
은행업무 банковские операции
중개업무 посреднические операции
초기조절업무 пуско-наладочные работы
출납업무 кассовые операции
통화업무 валютные операции
판매업무 сбытовые операции
포워딩업무 транспортно-экспедиторские операции
업무관계 деловые отношения, деловые связи
업무교섭 деловые контакты
업무일정 график работ
업무출장 служебная командировка
업무파트너 деловой партнёр
업무협력 деловое сотрудничество
엔지니어링 инжиниринг
엔지니어링서어비스 инжиниринговые услуги
엔지니어링회사 инжиниринговая фирма
여권 паспорт
여권심사 паспортный контроль
여분 излишки
여행사 туристическая фирма
여행자수표 туристский чек
역거래 обратная сделка
역년 календарный год
역일 календарный день
역환어음 ретратта
연간결산 годовой отчёт
연간소득 годовой доход
연간예산 годовой бюджет

연계거래	встречная сделка
연계매매업무	операции по хеджированию
연계무역	встречная торговля
연구개발결과물의수출	экспорт научно-технических результатов
연구개발업무	научно-исследовательские и опытно-конструкторские работы
연구생산단지	научно-производственный комплекс
연구업무	научно-исследовательская работа
연기	пролонгация, продление, отсрочка
연기어음	пролонгированный вексель
연도	год
결산연도	отчётный год
당해연도	текущий год
예산연도	бюджетный год
재무연도	финансовый год
회계연도	балансовый год
연료보급	бункеровка
연맹	объединение
공동연맹	совместное объединение
국제연맹	международное объединение
기업연맹	объединение предпринимателей
대외무역연맹	внешнеторговое объединение
독립채산연맹	хозрасчётное объединение
산업연맹	промышленное объединение
생산연맹	производственное объединение
연서(連署)	контрассигнация
연서자(連署者)	контрассигнант
연속견본	серийный образец
연속생산	серийное производство
연속제품	серийная продукция

연습	практика
연안무역	каботажная торговля, каботаж, прибрежная торговля
연안항해	каботаж
연이자	годовой процент
연장	продление, пролонгация
계약연장	продление соглашения
기간연장	продление срока
대출연장	продление кредита, пролонгация кредита
보증기간연장	продление гарантийного периода
보험연장	пролонгация тратты
신용장연장	продление аккредитива, пролонгация аккредитива
어음연장	пролонгация векселя
환어음연장	пролонгация тратты
연체	задержка
연체금	задолженность по счёту
연체이자	пеня
연체일	сталийные дни
연합	объединение, блок
연합보험증서	полис комбинированного страхования
연합은행	кооперативный банк
연화	неконвертируемая валюта
열대기후포장	пическая упаковка
열대성기후조건추가요금	надбавка за тропическое исполнение
영구비자	постоянная виза
영구사증	постоянная виза
영사관	консульское учреждение
영사송장	консульская фактура, консульский счёт
영사수수료	консульский сбор
영수증	квитанция, расписка
영업이사	коммерческий директор

영화광고　реклама средствами кино
예금　депозит, депонирование
　요구불예금　депозит до востребования
　은행예금　банковский депозит
　정기예금　срочный депозит
예금계좌　депозитный счёт
예금수령증　депозитная квитанция
예금은행　депозитный банк
예금이자　процент по вкладам
예금자　депонент
예금주　владелец счёта
예금증서　депозитный сертификат
예비　резервирование
예비(비)　резерв
예비계획인수조서　протокол приёмки предварительного проекта
예비공급량　резервные запасы
예비기금　резервный фонд
예비기금공제금　отчисления в резервный фонд
예비부품　запасные части
예비시세　предварительная котировка
예비시험　предварительные испытания
예비자본　резервный капитал
예비자산　резервные активы
예비재고　резервные запасы, буферные запасы
예비통화　резервная валюта
예비품　запас
예비현금고　резервная наличность
예산　бюджет
　국가예산　государственный бюджет
　당좌예산　текущий бюджет

수입예산   доходный бюджет
연간예산   годовой бюджет
지출예산   расходный бюджет
예산견적서류작성   проектно-сметная документация
예산불입금   взнос в бюджет
예산비용   бюджетные расходы
예산안   проект бюджета
예산연도   бюджетный год
예산이체   перечисление в бюджет
예산지출금   бюджетные ассигнования
예산항목   бюджетная статья
예상이익   плановая прибыль
예상초과이익   сверхплановая прибыль
예약판매   запродажа
예인   буксировка
예인선   буксир
예정보험증서   открытый полис
예탁주식   депонированные акции
예하기업   подведомственное предприятие
오염   загрязнение
   방사능오염   радиоактивное загрязнение
   환경오염   загрязнение окружающей среды
오퍼   оферта, предложение
   공급오퍼   предложение на поставку
   대응오퍼   встречное предложение
   발기오퍼   инициативное предложение
   불확정오퍼   предложение без обязательства
   불확정오퍼   свободное предложение
   상업오퍼   коммерческое предложение
   종합오퍼   комплексное предложение

확정오퍼	твёрдое предложение
오퍼발행	выдача заказа
옵션	опцион
구매옵션	опцион на закупку
이중옵션	двойной опцион
콜옵션(call option)	опцион покупателя
통화옵션	валютный опцион
판매옵션	опцион на продажу
풋옵션(put option)	опцион продавца
화물옵션	грузовой опцион
옵션화물	опционный груз
완불우편	письмо с наложенным платежом
완비	комплектация
완비도	комплектность
완성품인도방식계약	контракт на строительство под ключ
완전구비품	комплектующие изделия
완전성	комплектность
완제품	готовая продукция, готовые изделия
완제품수령기준	правила приёмки готовой продукции
완제품재고	запас готовой продукции
외국고객	иностранный клиент
외국기업가	иностранные предприниматели
외국생산품	товары иностранного производства
외국수표	иностранный чек
외국원산지상품	товар иностранного происхождения
외국은행	иностранный банк
외국은행보증	гарантия иностранного банка
외국인파트너	иностранный компаньон
외국인회사	иностранная компания, иностранная фирма
외국자본	иностранный капитал

외국자본참여합작회사　совместное предприятие с участием иностранного капиталп
외국투자유치　привлечение иностранных инвестиций
외국환　девизы
외국환자산　авуары в иностранной валюте
외형규격　габаритный размер
외화　иностранная валюта
외화기금　валютный фонд
외화납입　вклад в иностранной валюте
외화대출　валютное кредитование, ссуда в иностранной валюте
외화매상고　валютная выручка
외화소득　валютный доход
외화재원　валютные ресурсы
외환거래　валютная сделка
외환거래소　валютная биржа
외환계좌　валютный счёт, инвалютный счёт
외환규정　валютные предписания
외환기금투자　инвестирование валютных фондов
외환동일가치루블화　инвалютный рубль
외환딜러　биржевой дилер
외환보유고　валютные резервы
외환비용　инвалютные расходы
외환수요　потребность в иностранной валюте
외환시장　валютный рынок
외환신고　валютная декларация
외환위험　валютный риск
외환위험분산　распределение валютных рисков
외환적자　дефицит валюты
외환중재　валютный арбитраж
외환투기　валютная спекуляция

외환평가	интервалютарный паритет
외환프레미엄	валютная премия
외환허가	валютное разрешение
요구	требование
요구불납입	вклад до востребования
요구불예금	депозит до востребования
요금	сбор, тариф
검역료	карантинный сбор
보험료	страховой сбор
용선료	фрахтовый сбор
화물료	грузовые сборы
요율	тариф, тарифные ставки
요율가격	тарифная цена
요율명세서	тарифная спецификация
요율우대	тарифные льготы
요율쿼타	тарифная квота
용량	объём
용선	наём судна, фрахтование, чартер
노선용선	линейный чартер
일괄용선	лумпсум чартер
일반용선	генеральный чартер
특별용선	специальный чартер
편도용선	рейсовый чартер
하운용선	речной чартер
용선견적	проформа чартера
용선계약	договор о фрахтовании судна
용선대리인	агент фрахтователя
용선료	фрахтовый сбор
용선자	фрахтователь
용선중개인	брокер по фрахтованию, фрахтовый брокер

용선지시서	фрахтовый ордер
용역계약	контракт на оказание услуг
용역제공 및 제품판매 매상고	выручка от реализации товаров и услуг
용적초과화물	негабаритный груз
우대	льгота
관세우대	таможенные льготы
금융우대	финансовые льготы
선임우대	фрахтовые льготы
신상품우대	льготы по новизне
요율우대	тарифные льготы
조세우대	налоговые льготы
특혜우대	преференциальные льготы
우대가격	льготная цена
우대관세	льготная пошлина
우대관세	льготный тариф
우대금리	прайм-рэйт
우대기간	льготный срок
우대율	льготная ставка, льготный курс
우대융자	льготный кредит
우대조건	льготные условия
우대조건대부	заём на льготных условиях, кредит на льготных условиях
우량어음	первоклассный вексель
우선구매권	право преимущественной покупки
우선권	преимущественное право, право приоритета, приоритет
우선주식	привилегированные акции
우체국소인	почтовый штемпель
우편	письмо
우편물	корреспонденция
우편송금	перевод по почте
우편송금율	курс почтовых переводов

우편송달	пересылка по почте
우편수령증	почтовая квитанция
우편통지	извещение по почте
우편환	перевод по почте
운송	транспортировка, перевозка, провоз
국제운송	международные перевозки
단거리운송	короткопробежные перевозки
대외무역운송	внешнеторговые перевозки
장거리운송	перевозки на дальние растояния
철도운송	железнодорожные перевозки
항공운송	авиационные перевозки
해상운송	морские перевозки
화물운송	грузовые перевозки
운송가격	стоимость транспортировки
운송가격인상	транспортная наценка
운송가능화물	годный к транспортировке груз
운송경로	маршрут перевозки
운송계약	договор о передаче
운송노선	маршрут перевозки
운송대리인	транспортный агент
운송대리점	транспортное агентство
운송량	объём перевозок
운송로	транспортная линия
운송료	провозная плата
운송마크표시	транспортная маркировка
운송물품담보대출	кредитование под товары, находящиеся в пути
운송보험	транспортное страхование, страхование средств транспорта
운송비용	дорожные расходы, путевые расходы, транспортные издержки, транспортные расходы
운송서류	перевозочные документы

운송서류작성　транспортная документация
운송서어비스　перевозок обслуживание, транспортные услуги
운송선화증권　транспортный коносамент
운송소인　штемпель перевозчика
운송수단　перевозочные средства, транспортная составляющая, транспортные средства
운송요율　транспортный тариф
운송위탁　транспортное поручение
운송유형　вид транспортировки
운송전문가　транспортный эксперт
운송조건　транспортные условия
운송중보관비용　расходы по хранению товара в пути
운송중파손화물　повреждённый груз в пути
운송포장　нспортная упаковка
운송회사　транспортная компания, перевозчик
　국내운송회사　внутренный перевозчик
　육상운송회사　наземный перевозчик
　지선운송회사　фидерный перевозчик
　항공운송회사　авиационный перевозчик
　해상운송회사　морской перевозчик
　화물운송회사　перевозчик грузов
운영　эксплуатация
운임　провозная плата
운임(선박)　фрахт
운임 보험료포함가격 (CIF)　СИФ
운임계약　фрахтовая сделка
운임보험　страхование фрахта
운임보험료포함인도조건부공급 (CIF)　поставка на условиях СИФ
운임비례율　пропорциональная часть фрахта
운임포함가격(C&F)　КАФ

운임포함인도조건부공급（C&F）　поставка на условиях КАФ
운하료　канальный сбор
운행경로　маршрут следования
원가　себестоимость
원고(原告)　истец
원금　принципал
원도급인　основной подрядчик
원료　сырьё
원부채　основной долг
원산지　место происхождения
원산지증명　сертификат происхождения
원산지항　порт происхождения
원자재　сырьевые ресурсы, сырьё
원자재기반　сырьевая база
원자재수입자　импортёр сырья
위기　кризис
위생검역검사　санитарно-карантинный досмотр
위생증명서　санитарное свидетельство
위약금　неустойка, штрафная неустойка
위원회(비상설)　комиссия
위원회(상설)　комитет
위임　поручение
위임장　доверенность
위임대리인　доверенное лицо
위임자　доверитель
위탁　поручение
위탁대리인　консигнационный агент
위탁자　комитент
위탁창고　консигнационный склад
위탁판매　консигнация

위탁판매거래	консигнационная сделка
위탁판매계약	договор консигнации
위탁판매기관	организация-консигнатор
위탁판매상품	консигнационный товар
위탁판매센터	консигнационный центр
위탁판매인	консигнатор
위탁판매협약	консигнационное соглашение
위험	риск, опасность
금융위험	финансовой риск
미결제위험	риск неплатежа
보험위험	страховой риск
부보위험	застрахованный риск
시세위험	курсовой риск
신용위험	кредитный риск
외환위험	валютный риск
인수부도위험	риск неакцепта
위험보험	страхование рисков
위험분산	распределение риска
위험수당	надбавка за риск
위험투자	рискоинвестиция
위험화물	опасный груз
유가증권거래소	биржа ценных бумаг
유가증권담보대출	ссуда под ценные бумаги
유가증권발행	эмиссия ценных бумаг
유가증권소유자	владелец ценных бумаг
유가증권시세	курс ценных бумаг
유가증권시장	рынок ценных бумаг
유네스코 (UNESCO)	ООН по вопросам просвещения, науки и культуры [ЮНЕСКО]
유니도 (UNIDO)	ООН по промышленному развитию [ЮНИДО]

유동자금	ликвидные средства
유동자본	ликвидный капитал
유동자산	ликвидные авуары, ликвидные активы
유동적립금	ликвидные фонды
유럽경제공동체 (EEC)	Европейское экономическое сообщество
유럽부흥개발은행 (EBRD)	Европейский банк реконструкции и развития [ЕВРР]
유럽시장	еврорынок
유럽자유무역협정 (EFTA)	Европейская ассоциация свободной торговли
유럽통화	евровалюта
유럽통화협정	Европейское валютное соглашение
유보	резервирование
유사체	аналоги
유사특허	родственный патентб патент-аналог
유상서어비스	платные услуги
유엔개발계획 (UNDP)	Программа развития ООН
유엔고등판무관실 (UNHCR)	Управление Верховного Комиссара ООН по делам беженцев [УВКБ]
유엔공업개발기구 (UNIDO)	ООН по промышленному развитию [ЮНИДО]
유엔교육과학문화기구 (UNESCO)	ООН по вопросам просвещения, науки и культуры [ЮНЕСКО]
유엔무역개발협력기구 (UNCTAD)	Конференция ООН по торговли и развития [ЮНКТАД]
유엔식량농업기구 (FAO)	Продовольственная и сельско-хозяйственная организация ООН
유엔아동기금 (UNICEF)	Фонд ООН помощи детям [ЮНИСЭФ]
유예	пролонгация
유예어음	пролонгированный вексель
유예일	дни льготные

유입자금 привлечённые средства
유지 уход
유치 привлечение
　외국투자유치 привлечение иностранных инвестиций
유통경로 каналы сбыта
유통불능선하증권 коносамент без права передачи
유통서류 оборотный документ
유통성 ликвидность
유한책임회사 компания с ограниченной ответственностью
유형 вид
유효공급량 наличный запас
유효특허 действующий патент
육상운송 автоперевозки
육상운송회사 наземный перевозчик
육상화물 운송장 автонакладная
육상화물송장 автодорожная накладная
율 ставка, курс, процент
　결제율 расчётный курс
　고시율 справочный курс
　고정율 твёрдый курс
　관세율 ставки таможенных пошлин
　교환율 обменный курс
　국제금융시장율 ставки мирового денежного рынка
　기본율 базисная ставка
　기준율 справочный курс
　단일율 единые ставки
　대출이자율 процентная ставка за кредит
　등가율 паритетный курс
　로열티비율 процент роялти
　매도율 курс продавцов

매입율	курс покупателей
발행율	эмиссионный курс
벌과금비율	штрафной процент
변동율	плавающая ставка, плавающий курс
선임율	фрахтовые ставки
세율	налоговая ставка
송금률	курс перевода
수익률	процент прибыли
수표율	чековый курс
시장율	рыночная ставка
어음할인율	учётный процент
요율	тарифные ставки
우대율	льготная ставка, льготный курс
우편송금율	курс почтовых переводов
은행할인율	банковская учётная ставка
이자율	процентная ставка
이중율	двойная ставка
전신환송금율	курс телеграфных переводов
할인율	учётный процент
현행율	действующая ставка
협정율	аккордная ставка

융자 заём, кредит, кредитование

개방융자	открытый кредит
국가융자	государственный кредит
기업융자	фирменный кредит
긴축융자	стеснённый кредит
단기융자	краткосрочный кредит
담보융자	кредит под залог
대외무역지원융자	кредитование внешнеторговых операций
무역융자	торговый кредит

보상융자　компенсационный кредит
상업융자　коммерческий кредит
상품담보융자　товарный кредит
상품융자　подтоварный кредит
수출융자　экспортный кредит
스윙융자　свинговый кредит
우대융자　льготный кредит
은행보증융자　кредит под гарантию банка
일괄융자　разовый кредит
자본납입융자　кредит на капитальные вложения
장기융자　долгосрочный кредит
중기융자　среднесрочный кредит
취소가능융자　возвратное кредитование
콜융자　онкольный кредит
회전융자　револьверный кредит
융자교부　выдача кредита
융자도입　привлечение кредита
융통배서　дружеский индоссамент
융통어음　дружеский вексель
은행　банк
　국립은행　национальный банк
　국영은행　государственный банк
　국제결제은행(BIS)　Банк международных расчётов
　국제부흥개발은행(IBRD)　Международный банк реконструкции и развития [МБРР]
　국제은행　международный банк
　대리은행　банк-корреспондент
　대부은행　ссудный банк
　데이터뱅크　банк данных
　무역은행　торговый банк

보증은행	банк-гарант
사립은행	частный банк
상업은행	коммерческий банк
송금은행	банк-ремитент
수출입은행	экспортно-импортный банк
아시아개발은행 (ADB)	Азиатский банк развития [АБР]
연합은행	кооперативный банк
예금은행	депозитный банк
외국은행	иностранный банк
유럽부흥개발은행 (EBRD)	Европейский банк реконструкции и развития [ЕВРР]
인수은행	банк-акцептант
자료은행	банк данных
저축은행	сберегательный банк
적립은행	сберегательный банк
정보은행	банк информации
조합비가입은행	банк-аутсайдер
주식은행	акционерный банк
중앙은행	центральный банк
채권은행	банк-кредитор
통지은행	авизующий банк
투자은행	инвестиционный банк
합자은행	смешанный банк
화폐발행은행	эмиссионный банк
은행감정	банковская оценка
은행거래	банковская сделка
은행계좌	банковский счёт, счёт в банке
은행계좌잔고	сальдо банковского счёта
은행권	банкнота
은행권발행	выпуск банкнот

은행권유통정지   изъятие банкнот из обращения
은행기관   учреждения банка
은행기금   банковские фонды
은행납입   банковский вклад
은행대부   банковский заём, банковский кредит
은행대출   банковская ссуда
은행보증   банковское поручительство, банковская гарантия
은행보증식보증   обеспечение в виде банковской гарантии
은행보증융자   кредит под гарантию банка
은행부채   задолженность банку
은행비용   банковские расходы
은행서어비스   банковские услуги
은행소인   штемпель банка
은행송금   банковский перевод
은행수수료   банковская комиссия
은행수표   банковский чек
은행심사   банковская экспертиза
은행어음   банковский вексель, банковская тратта
은행어음교환   банковский клиринг
은행어음할인   банковский дисконт
은행업무   банковские операции
은행예금   банковский депозит
은행예탁거래정지   изъятие депозитов из банка
은행위탁   банковское поручение
은행이자   банковский процент
은행이체   банковский трансферт
은행이체식결제   расчёт в форме банковского перевода
은행인수   банковский акцепт
은행자금조달   банковское финансирование
은행제도   банковская система

은행주식	банковские акции
은행지원	банковская интервенция
은행지점	филиал банка
은행차입금	задолженность банку
은행청구	банковские требования
은행추천	банковская екомендация
은행추천장	банковская референция
은행컨설팅	банковские консультации
은행할인율	банковская учётная ставка
의뢰	поручение
선적의뢰	отгрузочное поручение
송금의뢰	переводное поручение
수입의뢰	импортное поручение
신용장개설의뢰	поручение на открытие аккредитива
운송의뢰	транспортное поручение
이체의뢰	поручение на перевод
지불의뢰	платёжное поручение
의료서어비스	медицинское обслуживание
의무	обязательство, обязанность
계약의무	контрактные обязательства
공급의무	обязательства по поставкам
국제의무	международные обязательства
단기의무	краткосрочные обязательства
러시아연방으로부터의 자산재반입 의무	обязательство об обратном ввозе имущества из РФ
러시아연방으로부터의 자산재반출 의무	обязательство об обратном вывозе имущества из РФ
보증의무	гарантийное обязательства
부채의무	долговые обязательства
상호의무	взаимные обязательства

쌍방의무	обязанности сторон
약정의무	договорные обязательства
장기의무	долгосрочные обязательства
지급의무	платёжные обязательства
의무공급	обязательные поставки
의무불입	обязательный взнос
의무사항	заявление-обязательство
의무예비비기준	норма обязательных резервов
의장특허	патент на промышленный образец
의정서	протокол, протокол о намерениях
의정서요약	выписка из протокола
의정서추가사항	дополнение к протоколу
의정협약	соглашение о намерении
이사(理事)	директор
이사회	правление
이사회임원	член правления
이서	индоссамент, жиро
이용	пользование, использование, эксплуатация
이월금	сальдо
이월일변	контанго
이윤공제	вычеты из прибыли
이윤대체	трансферт прибыли
이윤범위제한	ограничение размера прибыли
이윤세	налог на прибыль
이윤신고	объявление прибыли
이윤액	сумма прибыли
이윤참여	участие в прибылях
이율기준	норма процента
이의신청	протест
이의제기	рекламация, претензия

이의제기서	акт о протесте, рекламационный акт
이의제기어음	опротестованный вексель
이익	выгода, прибыль
견적이익	сметная прибыль
계상이익	расчётная прибыль
과세이익	облагаемая прибыль
기대이익	ожидаемая прибыль
납세전이익	прибыль до уплаты налога
납세후이익	прибыль за вычетом налога, прибыль после уплаты налога
독점이익	монопольная прибыль
상실이익	упущенная прибыль
순이익	чистая прибыль, прибыль нетто, остаточная прибыль
신고이익	объявленная прибыль
예상이익	плановая прибыль
예상초과이익	сверхплановая прибыль
장부이익	балансовая прибыль
추정이익	плановая прибыль
이익공제금	отчисления от прибыли
이익배당금	дивиденд
이익배당금지급	выплата дивидендов
이익배분	распределение прибыли
이익지급	выплата прибыли
이익지분	доля прибыли
이자	процент
가산이자	начисленные проценты
당좌대월이자	процент по овердрафту
대부이자	процент по займам
대출이자	процент за кредит
대출이자	ссудный процент
수수료비율	комиссионный процент

연이자	годовой процент
예금이자	процент по вкладам
은행이자	банковский процент
적립이자	накопленные проценты
이자계산	начисление процентов
이자공제금	процентные отчисления
이자소득	процентный доход
이자식납입	процентный вклад
이자율	процентная ставка
이자지급	выплата процентов
이자지급채권	процентные облигации
이전	передача
이전권	право переадресовки
이중관세	двухколонный тариф
이중담보대출	ссуда под двойное обеспечение
이중보증	двойное обеспечение
이중옵션	двойной опцион
이중율	двойная ставка
이차바스켓	вторая корзина
이차사용자	второй пользователь
이체	трансферт, перечисление
계좌이체	перечисление на счёт
무환이체	безналичное перечисление
예산이체	перечисление в бюджет
자금이체	перечисление средств
이체의뢰	поручение на перевод
이행	исполнение
계약이행	исполнение договора
부적절이행	ненадлежащее исполнение
수출이행	экспортное исполнение

적정이행	надлежащее исполнение
주문이행	исполнение заказа
지불이행	исполнение платежей
이행수수료	комиссия за обязательство
인가	одобрение, разрешение, аккредитация, лицензия
인도	поставка
인도-수령증서	акт сдачи-приёмки
인상	повышение
인센티브	поощрение
인쇄광고	печатная реклама
인수	акцепт, приёмка
계산서인수	акцепт счёта
무기명인수	бланковый акцепт
무조건인수	безусловный акцепт
상업서류인수	акцепт коммерческих документов
수표인수	чековый акцепт
어음인수	акцепт тратты
은행인수	банковский акцепт
인수거부수표	опротестованный чек
인수거절(증서)	протест
인수대부	акцептный кредит
인수도서류	документы против акцепта
인수도어음	акцептованная тратта
인수부공급	выдача против акцепта
인수부도위험	риск неакцепта
인수부지급	акцептный платёж
인수송장	акцептованный счёт
인수수수료	акцептная комиссия
인수수표	акцептованный чек
인수시험	приёмочные испытания

인수어음	акцептованный вексель
인수유예금	депорт
인수은행	банк-акцептант
인수조서	протокол приёмки
인수증	расписка
인수통보	авизо об акцепте
인장	штамп
인증제품	сертифицируемая продукуция
인플레이션	инфляция
인하	снижение
일	работа
일괄	лумпсум
일괄계약	аккордный контракт
일괄공급	поставка под ключ
일괄도급계약	контракт на строительство под ключ
일괄보너스	единовременная премия, паушальная премия
일괄불입	единовременный взнос
일괄선임	лумпсум-фрахт
일괄설비	комплектующее оборудование
일괄용선	лумпсум чартер
일괄용선	лумпсум-чартер
일괄융자	разовый кредит
일괄주문	разовый заказ
일괄지급	паушальный платёж
일괄허가	пакетное лицензирование, общая лицензия
일람불대출	ссуда до востребования
일람불어음	вексель на предъявителя, предъявительский вексель
일람표	ведомость
일반계약	генеральный контракт
일반보험증서	генеральный полис

일반비자	обыкновенная виза
일반사증	обыкновенная виза
일반용선	генеральный чартер
일반조건	общие условия
일반주식	обыкновенные акции
일반해손	общеаварийные убытки
일반해손정산(서)	распределение общей аварии
일반허가	генеральное разрешение, генеральная лицензия
일반허가에 따른 자산통과허가	пропуск имущества по генеральному разрешению
일반화물	генеральный груз
일방어음교환	односторонний клиринг
일부화물	часть груза
일시보상	единовременное вознаграждение
일시불	единовременный платёж
일정	график
공급일정	график поставок
선적일정	график отгрузок
업무일정	график работ
지급일정	график платежей
일정표	календарный график, расписание
일차권리	право первой руки
일차어음	прима-вексель
일회공급	разовая поставка
일회성대출	разовая ссуда
일회지급	разовый платёж
임금적립금	фонд заработной платы
임대	аренда, наём
단기임대	краткосрочная аренда
장기임대	долгосрочная аренда

장소임대　аренда площади
진열대임대　аренда стенда
임대료　арендная плата, рента
임대료지급　рентный платёж
임대서어비스　лизинговое обслуживание
임대소득　рентный доход
임대인측 대리인　агент арендодателя
임대자산　арендное имущество
임대차계약　договор аренды
임대차협약　арендное соглашение
임명　назначение
임시대차대조표　предварительный баланс
임시반입　временный ввоз
임시사용　временное пользование
임원단　дирекция
임차　заимствование
임차인　арендатор
입국비자　ввозная виза, въездная виза
입국사증　ввозная виза, въездная виза
입금　поступления
입금전표　приходный ордер
입금증　депозитная расписка
입찰　торги
입찰서류작성　тендерная документация
입찰참가　участие в торгах
입찰참여신청서　заявка на участие в торгах
입출증명발급　входная и выходная документация
잉여가격　остаточная стоимость

자격증명	квалификация
자금	денежные средства
계좌예금자금	хранящиеся средства на счетах
기업자금	средства предприятия
납입자금	средства уставного фонда
내부자금	собственные средства
독립채산기관자금	средства хозрасчётных организаций
동결자금	замороженные средства
비유동자금	неликвидные средства
순환자금	оборотные средства
신용자금	кредитные средства
유동자금	ликвидные средства
유입자금	привлечённые средства
차입자금	заёмные средства
자금도입	привлечение средств
자금이체	перечисление средств
자금조달	финансирование
국자자금조달	государственное финансирование
대외경제활동자금조달	финансирование внешнеэкономической деятельности
무역자금조달	финансирование торговли
비상환자금조달	безвозвратное финансирование
수입자금조달	финансирование импорта
수출자금조달	финансирование экспорта
은행자금조달	банковское финансирование
장기자금조달	долгосрочное финансирование

중기자금조달	среднесрочное финансирование	
참여자금조달	долевое финансирование	
합작자금조달	совместное финансирование	

자금축적　умуляция средств
자급　самообеспечение
자기앞수표　чек на предъявителя
자동선적　автоматическая погрузка
자동연장대부　автоматически возобновляемый кредит
자동차 대열　автопоезд
자료은행　банк данных
자발적보험　добровольное страхование
자본　капитал
 개인자본　собственный капитал
 고정자본　основной капитал
 기업자본　капитал предприятия
 대부자본　заёмный капитал
 대출자본　ссудный капитал
 설립자본　уставный капитал
 순환자본　оборотный капитал
 예비자본　резервный капитал
 외국자본　иностранный капитал
 유동자본　ликвидный капитал
 주식자본　акционерный капитал
 투자자본　инвестированный капитал
자본납입　капиталовложения
자본납입융자　кредит на капитальные вложения
자본비용　расходы капитала
자본시장　рынок капитала
자본지분　доля в капитале
자본지출　затраты капитала

자본지출금　ассигнования на капиталовложения
자본투입효율성　эффективность капиталовложений
자본투자　капиталовложения, капитальные вложения
자산　имущество, активы, авуары, собственность, средства
　계좌예금자산　депонированные средства на счёте
　고정자산　блокированные авуары, неликвидные активы
　기업자산　активы предприятия
　단기간 처분되지 않는 자산　труднореализуемые активы
　대여자산　арендное имущество
　동결자산　замороженные активы
　러시아연방으로 임시반입된 자산　временно ввезённое имущество в РФ
　러시아연방으로부터 임시반출된 자산　временно вывезённое имущество из РФ
　루블 및 외화자산　средства в рублях и иностранной валюте
　박람회자산　выставочное имущество
　사자산　мёртвые активы
　수입자산　вырученные средства
　예비자산　резервные активы
　외국환자산　авуары в иностранной валюте
　유동자산　ликвидные активы
　임대자산　арендное имущество
　통화자산　валютные средства
　회수자산　вырученные средства
자산세　налог на капитал
자산손실　утрата имущества
자산에 대한 징수　взыскание на имущество
자산적관심　имущественные интересы
자산항목　статья актива
자산현금화가능성　ликвидность активов
자연소멸　естественный износ

자원　ресурсы
자유경제지역　свободная экономическая зона
자유관세지역　свободная таможенная зона
자유무역지대　зона свободной торговли
자유변동화폐　свободно плавающая валюта
자유보관　хранение свободных средств
자유태환화폐　свободно конвертируемая валюта
자유통화　свободная валюта
자유화　либерализация
　대외경제관계자유화　либерализация внешнеэкономических связей
　무역자유화　либерализация торговли
　수입자유화　либерализация импорта
자재가치　материальные ценности
자재비용　материальные издержки
자재소요량　материалоёмкость
자체금융조달　самофинансирование
자체통화금융조달　валютное самофинансирование
자회사　дочерняя компания, дочернее предприятие
작동마멸　эксплуатационный износ
작동사양　эксплуатационные требования
작동시험　испытания в рабочих условиях
작업　работа
작업계획　график работ
작업통지서　ведомость работ
잔고　сальдо
잔여가격　остаточная стоимость
잠재력　потенциал
잠재비용　скрытые затраты
잠재파트너　потенциальный партнёр
잡비배정　распределение накладных расходов

잡비용	накладные расходы
잡지	журнал
잡지광고	журнальная реклама
장거리운송	перевозки на дальние растояния
장관	министр
장기계약	долгосрочный контракт, долгосрочный договор
장기납입	долгосрочный вклад
장기대부	долгосрочный заём
장기대출	долгосрочное кредитование, долгосрочная ссуда
장기신용장	долгосрочный аккредитив
장기어음	долгосрочный вексель
장기융자	долгосрочный кредит
장기의무	долгосрочные обязательства
장기임대	долгосрочная аренда
장기자금조달	долгосрочное финансирование
장기채권	долгосрочный заём
장기협력	долгосрочное сотрудничество
장기협약	долгосрочное соглашение
장려금	поощрительная премия, субсидия, поощрение
장벽	барьер
장부이익	балансовая прибыль
장비	оборудование
장소임대	аренда площади
장애	барьер
재계류	перешвартовка
재계산	пересчёт
재고	запас
계획재고	плановые запасы
계획초과재고	сверхплановые запасы
금보유고	золотой запас

상품자재재고　товарно-материальные запасы
상품재고　товарные запасы
예비재고　буферные запасы, резервные запасы
완제품재고　запас готовой продукции
현물재고　наличный запас
재고물품담보대출　кредитование под товары, находящиеся на складах
재고품처리　распродажа остатков
재래수출　традиционный экспорт
재래시장　традиционная ярмарка
재료　материал
재무　финансы
재무감사　проверка финансового положения
재무결산　финансовый отчёт
재무기반　финансовая база
재무보증　финансовое обеспечение
재무분석　анализ финансового состояния
재무수지　финансовый баланс
재무연도　финансовый год
재무예산　финансовая смета
재무이사　финансовый директор
재무프로그램　программа финансирования
재반입　обратный ввоз
재반입신청서　заявление об обратном вывозе
재발송　переотправка
재보험　перестрахование
재보험증서　полис перестрахования
재산　имущество
재산가치　имущественные ценности
재산권　имущественное право
재산보험　имущественное страхование

재생산	воспроизводство
재생산보증	обеспечение воспроизводства
재생산비용	затраты на воспроизводство
재수속	переоформление
재수입	реимпорт, обратный ввоз
재수출	реэкспорт
재수출거래	реэкспортная сделка
재수출금지	запрещение реэкспорта
재수출상품	реэкспортные товары
재수출승인	разрешение на реэкспорт
재양도	переуступка
재용선	субчартер
재원(財源)	финансовые ресурсы
재임대차	субаренда
재적립	рефинансирование
재정	финансы
재정산	перерасчёт
재정참여	денежное участие
재투자	реинвестирование, реинвестиция
재판매	перепродажа
재평가	переоценка
재포장	перетарка переупаковка
재포장비용	расходы по перетарке
재할인	редисконт, переучёт
재할인어음	переучтённый вексель
재화	товар
재화비용	материальные затраты
저당	залог
저당권	залоговое право, ипотека
저당증서	закладная

저자우선권　авторский приоритет
저작권　авторское право
저장　резервирование
저장소　депо
저축계좌　сберегательный счёт
저축은행　сберегательный банк
저항권　право протеста
적립금　фонд
　감가상각적립금　амортизационный фонд
　동결적립금　замороженный фонд
　보험적립금　страховой фонд
　상여적립금　премиальный фонд
　상환적립금　фонд погашения
　유동적립금　ликвидные фонды
　임금적립금　фонд заработной платы
적립납입　сберегательный вклад
적립은행　сберегательный банк
적립이자　накопленные проценты
적용　применение
적자　дефицит
　금융적자　финансовый дефицит
　당좌계정적자　дефицит текущего счёта
　대외무역적자　внешнеторговый дефицит
　무역수지적자　дефицит торгового баланса
　외환적자　дефицит валюты
　지불계정적자　дефицит платёжного баланса
적재　укладка
적재기준　норма погрузки
적재수량　погруженное количество
적재적량　габарит

적재적량화물　габаритный груз
적재화물　штабелированный груз
적정가격　позиционная цена
적정가격인하　соразмерная уценка
적정이행　надлежащее исполнение
적정품질　надлежащее качество
적하　штивка
적하보험　страхование грузов
전권대리인　уполномоченный, уполномоченное лицо
전권대표　уполномоченный представитель
전권양도　передача полномочий
전당권　ломбардная расписка
전대차　субаренда
전도금　подотчётная сумма
전문가　эксперт, специалист
　경제문제전문가　эксперт по экономическим вопросам
　마케팅전문가　эксперт по маркетингу
　무역전문가　торговый эксперт
　물자기술공급전문가　эксперт по материально-техническому снабжению
　상업전문가　коммерческий эксперт
　운송전문가　транспортный эксперт
　화물운송전문가　эксперт по перевозке грузов
전문검사　инспекционная проверка
전문박람회　специализированная выставка
전문시장　специализированная ярмарка
전문용어　номенклатура, термин
　고정전문용어　закреплённая номенклатура
　단일전문용어　единая номенклатура
　상품전문용어　номенклатура товаров
　서어비스전문용어　номенклатура услуг

수출입공급전문용어　номенклатура экспортно-импортных поставок
제품전문용어　номенклатура продукции
전문화　специализация
전문화 및 생산협력에 관한 계약　договор о специализации и кооперировании производства
전손보험　страхование на условиях ＜все риск＞
전손약관　оговорка о всех рисках
전손조서　диспаша по общей аварии
전시　экспозиция
전시광고　изобразительная реклама
전시대　демонстрационный стенд
전시장　демонстрационный зал, выставочное помещение
전시판매박람회　выставка-ярмарка
전시판매장　ярмарка
전시품　экспонат
전시회　выставка
전신추심　телеграфное инкассо
전신환송금율　курс телеграфных переводов
전용(專用)　исключительное пользование
전쟁　война
　가격전쟁　война цен
　경제전쟁　экономическая война
　관세전쟁　таможенная война
　무역전쟁　торговая война
　통화금융전쟁　валютно-финансовая война
　통화전쟁　валютная война
전통시장　традиционная ярмарка
전표　ордер
절약　экономия
점　пункт

점증한계 лимит скольжения
접견실 приёмная
정가 номинал
정관 устав
정관기금 уставный фонд
정관납입기금회수성 окупаемость вклада в уставный фонд
정규근무시간중검사 проверка в нормальное рабочее время
정기불어음 срочный вексель
정기예금 срочный депозит
정기위치 срочная позиция
정기점검서어비스 профилактическое обслуживание
정기항로 регулярная авиалиния
정박대기 ожидание причала
정박일 лейдейс
정보서어비스 информационное обслуживание
정보은행 банк информации
정부가격 государственная цена
정부간협정 межправительственное соглашение, межправительственный договор
정부구매 государственные закупки
정부부처 및 기구조직 ведомство
정부수입 государственный доход
정비 ремонт
정산 учёт
정선시간 время простоя
정정 поправка, сторнирование
정지계좌 блокированный счёт
정착화 внедренческие операции
정책 политика, режим
 가격정책 политика цен

  경제정책　экономическая политика
  대외경제정책　внешнеэкономическая политика
  대외무역정책　внешнеторговая политика
  무역정책　торговая политика
  신용정책　кредитная политика
  통화정책　валютная политика
정해진 시한내 미지불　неуплата в срок
정회원　полноправный член
제3국법원　третейский суд
제도　система, режим
  국경화물통과허가제도　разрешительная система пропуска товаров через границу
  금융제도　финансовая система
  수출입허가제도　лицензионная система ввоза и вывоза
  신용제도　кредитная система
  은행제도　банковская система
제의　предложение
제재　санкция
  경제제재　экономические санкции
  과태료제재　штрафные санкции
  금융제재　финансовые санкции
  무역제재　торговые санкции
  약정제재　договорные санкции
제조공장　завод-изготовитель
제조업자　изготовитель
제조증명서　заводской сертификат, заводской паспорт
제조표시　фабричный знак
제품　изделие, продукция, товар
  경쟁제품　конкурентоспособная продукция
  고급제품　марочные изделия

공장제품 фабричные изделия
대량생산제품 изделия массового производства
동반제품 сопутствующие изделия
상호공급제품 взаимопоставляемые изделия
수입대체품 импортозамещающая продкуция
수입품 импортная продукция
수출품 экспортная продукция
시장성제품 товарная продкуция
연속제품 серийная продукция
완전구비품 комплектующие изделия
완제품 готовая продукция, готовые изделия
인증제품 сертифицируемая продкуция
특허성제품 патентоспособное изделие
판매된제품 реализованная продкуция
하이테크제품 наукоёмкая продкуция
제품 및 기술에 대한 허가 лицензии на изделия и технологию
제품보유고 товарная наличность
제품생산 выпуск продукции
제품전문용어 номенклатура продукции
제품증명서 сертификация продукции
제품판매 реализация продукции, сбыт продукции
제품품질 качество продукции
제한 ограничения, лимит
  관세제한 тарифные ограничения
  무역제한 торговые ограничения
  비관세제한 нетарифные ограничения
  수입제한 импортные ограничения
  수출제한 экспортные ограничения
  이윤범위제한 ограничение размера прибыли
  통화제한 валютные ограничения

제한배서　ограниченный индоссамент
제한승낙　ограниченный акцепт
제한적 비즈니스실무　деловая ограничительная практика
제한허가　ограниченная лицензия
제휴　блок
조건　условие
　거래조건　коммерческие условия
　계약조건　условия контракта
　공급조건　условия поставки
　교역조건　условия торговли
　기본조건　базисные условия
　기술조건　технические условия
　선적조건　условия отгрузки
　신용대출변제조건　условия погашения кредита
　신용대출조건　условия предоставления кредита
　우대조건　льготные условия
　운송조건　транспортные условия
　일반조건　обшие условия
　지불조건　условия платежа
조건변경　изменение условий
조건부선화증권　коносамент с оговорками
조건부승낙　условный акцепт
조립관리　шефмонтаж
조사　проверка, инспектирование, инспекция
조사인　инспектор
조서　протокол, акт
조세우대　налоговые льготы
조세쿼타　налоговая квота
조절　регулирование
조정　регулирование

조정기관	координационный орган
조직	организация
조직사회기반시설	организационная инфраструктура
조직위원회	организационный комитет
조직인가	аккредитация организаций
조직컨설팅	организационные консультации
조치	меропиятия
조합	кооперация
조합공급업무	операции по кооперативным поставкам
조합기업	кооперативное предприятие
조합비가입은행	банк-аутсайдер
조합비가입자	аутсайдер
조합식수출입물량	объём экспортно-импортных поставок по кооперации
조합원	компаньон
조합자산	кооперативная собственность
조합체	консорциум
조합협약	кооперационное соглашение
조항	статья
조회	запрос, рекомендация
종가세	пошлина ад валорем, адвалорный налог
종량세	специфическая пошлина
종류	сорт
종별	сортамент
종이박스포장화물	груз в коробках
종합공급	комплектные поставки
종합대리점	агентство с полным циклом услуг
종합설비	комплектное оборудование
종합오퍼	комплексное предложение
종합프로그램	комплексная программа
종합화물	сборный груз, груз в аггрегированном состоянии

주머니(자루)포장화물　груз в мешках
주문　заказ, приказ
　견본주문　заказ по образцу
　국가주문　государственный заказ
　상품주문　заказ на товар
　수출주문　экспортный заказ
　시험주문　пробный заказ
　일괄주문　разовый заказ
　확정주문　твёрдый заказ
주문량　объём заказа
주문서　заказное письмо, индент
주문이행　исполнение заказа
주문자　заказчик
주문장　книга заказов
주문취소　аннулирование заказа
주문품통지서　ведомость заказанных материалов
주사무소　главная контора, головная контора
주석　оговорка
주식　акция
　기명주식　именные акции
　무기명주식　предъявительские акции
　발기인주식　учредительские акции
　예탁주식　депонированные акции
　우선주식　привилегированные акции
　은행주식　банковские акции
　일반주식　обыкновенные акции
주식거래　биржевая сделка
주식거래소　фондовая биржа
주식거래중개인　брокер фондовой биржи
주식매입　хеджирование

주식발행	выпуск акции
주식소유인	акционер
주식시세	котировка акции, курс акций
주식은행	акционерный банк
주식자본	акционерный капитал
주식자본참여	участие в акционерном капитале
주식중개인	биржевой маклер, биржевой брокер
주식회사	акционерное общество [АО], акционерная компания
주식회사정관	устав акционерного общества
주식회사지분	доля в акционерной компании
주요출품자	главный экспонент
주주	владелец акции, акционер, пайщик
주화	монета
준비	готовность
상품선적준비	готовность товара к отгрузке
상품인수준비	готовность товара к приёмке
설비가동준비	готовность оборудования к пуску в эксплуатацию
양륙을 위한 선박준비	готовность судна к выгрузке
중개	посредничество
중개(업)	брокераж
중개거래	посредническая сделка
중개구매	покупка через посредника
중개료	комиссионные
중개서어비스	посреднические услуги, брокерское обслуживание
중개수수료	комиссионный сбор, брокерское вознаграждение, брокерская комиссия, куртаж, маклерский сбор
중개업무	посреднические операции
중개인	посредник, маклер, комиссионер, брокер, агент
거래중개인	биржевой брокер
경매중개인	аукционный брокер

매입중개인　　брокер по покупке
　　보험중개인　　страховой брокер
　　선박중개인　　судовой брокер
　　선주측중개인　　брокер судовладельца
　　용선중개인　　брокер по фрахтованию, фрахтовый брокер
　　주식거래중개인　　брокер фондовой биржи
　　주식중개인　　биржевой брокер
　　지불보증중개인　　брокер делькредере
　　판매중개인　　брокер по продаже
중개판매　　посредническая продажа
중개회사　　посредническая фирма, брокерская фирма
중기대출　　среднесрочное кредитование
중기융자　　среднесрочный кредит
중기자금조달　　среднесроное финансирование
중량　　вес
　　건조중량　　вес в сухом состоянии
　　검사중량　　контрольный вес
　　생중량　　живой вес
　　선적전중량　　вес до отгрузки
　　선적중량　　отгрузочный вес
　　선적후중량　　погруженный вес
　　선하증권중량　　коносаментный вес
　　송장중량　　фактурный вес
　　순중량　　вес нетто, чистый вес
　　순중량대비 총중량　　вес брутто за нетто
　　실중량　　фактический вес
　　초과중량　　избыточный вес
　　총중량　　вес брутто
　　포장중량　　вес с упаковкой
　　표준중량　　стандартный вес

하역후중량　выгруженный вес
함습중량　вес во влажном состоянии
중량구매　покупка на вес
중량명세서　весовая спецификация
중량미달　недостача в весе
중량부족　недостача в весе
중량세　весовой сбор
중량차(差)　разница в весе
중량판매　продажа на вес
중매인　посредник
중앙은행　центральный банк
중요하지 않은 결함　незначительный дефект
중요한 결함　существенный дефект
중재　арбитраж
  국가중재　государственный арбитраж
  국제중재　международный арбитраж
  다자간중재　многосторонний арбитраж
  대외무역중재　внешнеторговый арбитраж
  상사중재　биржевой арбитраж
  상품중재　товарный арбитраж
  외환중재　валютный арбитраж
중재료　арбитражная пошлина
중재보호　арбитражная защита
중재불입금　арбитражный взнос
중재비용　арбитражные расходы
중재상고　кассация в арбитраж
중재수수료　арбитражный сбор, арбитражная комиссия
중재약관　арбитражная оговорка
중재자　суперарбитр, арбитр
중재판례　арбитражный образец

중재협약　арбитражное соглашение
즉시공급　немедленная поставка
즉시공급계약　сделка с немедленной поставки
즉시매각처분이 불가능한 자산　неликвиды
즉시인도판매　продажа с немедленной поставкой
즉시지급　немедленный платёж
즉시지급추심　инкассо с немедленной оплатой
증권　обязательство
증명(서)　свидетельство, сертификат, остоверение, аттестация, паспор, акт
　검역증명서　карантинное свидетельство
　과세증명서　налоговый сертификат
　보관증명서　сохранное свидетельство
　보증증명서　карантинный сертификат
　상품원산지증명서　свидетельство о происхождении товара
　수의보건증명서　ветеринарный сертификат
　시험증명서　сертификат испытаний
　원산지증명서　сертификат происхождения
　위생증명서　санитарное свидетельство
　제조증명서　заводской сертификат
　제품증명서　сертификация продукции
　창고증명서　складское свидетельство
　품질증명서　акт о качестве
증명발급　документация
증명수수료　аттестационная комиссия
증서　сертификат, акт, ваучер, письмо
　감정증서　акт экспертизы
　검사증서　акт осмотра
　납입증서　вкладной сертификат
　담보증서　залоговый сертификат

대리증서	акт о суброгации
법적양도증서	акт о передаче правового титула
상업증서	коммерческий акт
선박검사관증서	акт сюрвейера
세관검사증서	акт таможенного досмотра
세관증서	таможенная закладная
수령증서	акт приёмки
시험증서	акт испытании
양도증서	акт об уступке
예금증서	депозитный сертификат
인도-수령증서	акт сдачи-приёмки
저당증서	закладная
창고증서	складская закладная
통화시장증서	сертификаты денежного рынка
통화증서	валютный сертификат
표준증서	нормативный акт
해손증서	аварийный сертификат
화물압류증서	акт о конфискации груза
화물증서	грузовой сертификат
증서교부	документация
증정본	авторский образец
지급	платёж, плата
거래지급	торговые платёжи
계약지급	выплата по контракту
계좌개설에 따른 지급	платёж по открытому счёту
금전보상지급	выплата денежного возмещения
납입대체지급	платёж взносами
당좌지급	текущие платёжи
로열티지급	лицензионный платёж
보증지급	гарантийная выплата

보험지급	страховой платёж
분할지급	платёж в рассрочку, частичный платёж
비과세지급	неналоговый платёж
비상업성지급	неторговый платёж
비현금지급	безналичный платёж
사용료지급	лицензионный платёж
선급금지급	выплата авансом
수표지급	платёж по чеку, платёж чеком
순지급	платёж нетто
순차지급	очередной платёж
신용장식지급	платёж в форме аккредитива
신용장지급	платёж по аккредитиву
신용지급	выплата по кредитам, платёж в счёт кредита
이익배당금지급	выплата дивидендов
이익지급	выплата прибыли
이자지급	выплата процентов
인수부지급	акцептный платёж
일괄지급	паушальный платёж
일시지급	единовременный платёж
일회지급	разовый платёж
임대료지급	рентный платёж
즉시지급	немедленный платёж
추심식지급	платёж в форме инкассо
현금지급	платёж наличными
지급계정	платёжный баланс
지급계좌	дисбурсментский счёт
지급능력이있는 소비자	платёжеспособный потребитель
지급보증	поручительство в платеже
지급부공급	выдача против платежа
지급불능	неплатёжеспособность

지급서류담보대출　ссуда под платёжные документы
지급수령인　получатель платежа
지급연기　отсроченный платёж
지급유예　отсроченный платёж, раторий
지급의무　платёжные обязательства
지급인　плательщик
지급일　день платежа
지급일정　график платежей
지급정지　мораторий
지급증　платёжный ордер
지대　зона
지방세　местный налог
지분　доля
　이익지분　доля прибыли
　자본지분　доля в капитале
　주식회사지분　доля в акционерной компании
　참여지분　доля участия
지분참여　долевое участие
지불　выплата, оплата, платёж, уплата
지불계정적자　дефицит платёжного баланса
지불공제　удержание из платежей
지불금액　причитающаяся сумма
지불기한　срок платежа
지불기한초과　просрочка платежа
지불능력　кредитоспособность
지불능력조회　платёжеспособный спрос
지불무능력자　банкрот
지불보증증개인　брокер делькредере
지불분할　рассрочка платежа
지불연기　отсрочка платежа

지불연체　задержка платежа
지불요구에 의한 결제　расчёт платёжными требованиями
지불유예금　контанго
지불의뢰　платёжное поручение
지불의뢰에 의한 결제　расчёт платёжными поручениями
지불이행　исполнение платежей
지불장소지정어음　домицилированный вексель
지불조건　условия платежа
지불청구　платёжное требование
지불통보　авизо о платеже
지사　филиал
지사규범　отраслевые нормативы
지선운송회사　фидерный перевозчик
지수　индекс
지시　инструкция
지시서　ордер
지시식선하증권　ордерный коносамент
지시식수표　ордерный чек
지역　зона
　국경지역　пограничная зона
　비치외법권지역　зона неисключительного права
　자유경제지역　свободная экономическая зона
　자유관세지역　свободная таможенная зона
　자유무역지대　зона свободной торговли
　치외법권지역　зона исключительного права
　통화지역　валютная зона
　특혜관세지역　зона преференциальных тарифов
　합작기업지역　зона совместного предпринимательства
지역가격　зональная цена
지역규범　местные нормативы

지역기술설비비용　затраты по инженерному оборудованию территории
지역별가격결정　зональная расценка
지연　задержание
지점　филиал, функт
　국경지점　пограничный пункт
　반입지　пункт ввоза
　반출지　ункт вывоза
　발송지　пункт отправления
　선적지　пункт погрузки
　수입지　пункт импорта, пункт ввоза
　수출지　пункт экспорта, пункт вывоза
　지정지점　пункт назначения
　통과지　пропускной пункт
　하역지　пункт выгрузки
　화물도착지　пункт доставки груза
지정　назначение
지정견본에 대한 설문서　анкета установленного образца
지정역인도가격　франко-железнодорожная станция назначения
지정지점　пункт назначения
지정항　порт назначения
지정항인도가격　франко-порт назначения
지주회사　холдинговая компания
지참인　предъявитель
지체　задержкаб задержание
　공급지체　задержка в поставке
　선적지체　задержка в отгрузке
　신용장개설지체　задержка в открытии аккредитива
　하역지체　задержка в разгрузке
지출　трата, издержки, затраты
지출금　ассигнование

광고지출금	ассигнования на рекламу
예산지출금	бюджетные ассигнования
자본지출금	ассигнования на капиталовложения
특별지출금	специальные ассигнования
지출비용	дисбурсментские расходы
지출액할당	выделение ассигнований
지출예산	расходный бюджет
지출할당	распределение ассигноваций
지침	правило, предписания
지폐	бумажная валюта, бумажные деньги
직접관계	прямые связи
직접교환	прямой обмен
직접대출	прямое кредитование
직접비용	прямые расходы, прямые затраты
직접선화증권	прямой коносамент
직접세	прямой налог
직접조합	прямая кооперация
직접투자	прямые инвестиции
진열	экспозиция
진열대임대	аренда стенда
진열대판매	продажа со стенда
진열자	экспонент
진열품	экспонат
진열품개방전시	открытый показ экспоната
짐쌓기	штивка
집단출품자	коллективный экспонент
집적	интеграция
징수	взыскание
과태료징수	взыскание пени
관세징수	взыскание пошлин

세금징수　взыскание налогов
자산에 대한 징수　взыскание на имущество
징수금　взыскание

차

차(差) разница
　가격차 разница в ценах
　세금차 налоговая разница
　중량차 разница в весе
　통화차 валютная разница
　품질차 разница в качестве
　환율차 курсовая разница
차감 вычет
차관 заём
차등관세 дифференциальная пошлина
차량인도가격 франко-грузовик
차변 дебет
차별관세 дискриминационная пошлина
차압 конфискация
차액 разница
차액마진(원가와 판매가의) спрэд
차용 заимствование
차용증 заёмное письмо
차이 разница
차익거래 арбитраж
차입금 задолженность по ссудам
차입자금 заёмные средства
차환 конверсия, рефинансирование
착륙 лэндинг
착수금 задаток
참가자 участник

참여   участие
참여자   участник
참여자금조달   долевое финансирование
참여지분   доля участия
참여지분양도   передача доли участия
창고   склад, депо
  매수인창고   склад покупателя
  보세창고   бондовый склад
  세관창고   таможенный склад
  송하인창고   склад отправителя
  수하인창고   склад получателя
  위탁창고   консигнационный склад
  통과화물창고   перевалочный склад
  항만창고   портовый склад
  화물창고   торговый склад
창고구매   покупка со склада
창고료   складской сбор
창고서류   складские документы
창고수령증   складская расписка, складская квитанция
창고수취선하증권   складской коносамент
창고인도가격   франко-склад
창고입고   складирование
창고증명서   складское свидетельство
창고증서   складская закладная
창고판매   продажа со склада
창고화물   складской груз
창고화물증권   складскойваррант
채권   обязательство, облигация, дебет-нота, заём
  국채   государственный заём
  기명채권   облигации, именные

단기채권　краткосрочный заём
이자지급채권　процентные облигации
장기채권　долгосрочный заём
통화채권　валютный заём
채권대부　облигационный заём
채권매수업　факторинг
채권발행　выпуск займа
채권식보증　обеспечение в виде облигаций
채권은행　банк-кредитор
채권자　кредитор, заимодавец
채권자부채　кредиторская задолженность
채무보증　обеспечение займа
채무자　заёмщик, должник, дебитор
채무자부채　дебиторская задолженность
채무증서　долговая расписка
채무차입금　задолженность
채산성　рентабельность
채산성기준　нормативы рентабельности
책임　обязательство, ответственность
　구매자책임　ответственность пакупателя
　물적책임　материальная ответственность
　민사책임　гражданская ответственность
　판매자책임　ответственность продавца
책임감정가　главный эксперт
책임보상수수료　комиссия за обязательство
책임보험　обязательное страхование
책임한계　лимит ответственности
철강거래소　биржа металлов
철도세관　железнодорожная таможня
철도수령증　железнодорожная квитанция

철도운송　железнодорожные перевозки
철도화물송장　железнодорожная накладная
철로　железнодорожная линия
첨부물　приложение
　계약첨부물　приложение к контракту
　광고첨부물　рекламное приложение
　기술첨부물　техническое приложение
첨부서　сопроводительное письмо
청구　требование, взыскание
　금액청구　взыскание суммы
　대출청구　взыскание ссуды
　손실청구　взыскание убытков
청부비용　аккордная плата
청산　ликвидация
　거래청산　ликвидация сделок
　계약청산　ликвидация контракта
　기업청산　ликвидация предприятия
청산가격　ликвидационная стоимость
청산결산　ликвидационный отчёт
청산수수료　ликвидационная комиссия
청약　оферта
청약자　оферент
청원　ходатайство
체계　система
체납금　недоимка
체납금액　сумма недоимки
체선　задержание судна
체선료　контрсталийные деньги, мерредж
초과공급　сверхпоставка
초과분　излишки

초과이윤	сверхприбыль
초과이윤세	налог на сверхприбыль
초과인출	овердрафт
초과정박	контрсталия
초과중량	избыточный вес
초과지급	переплата
초과지급금환급	возврат ошибочно переплаченной суммы
초과지급액	излишне уплаченная сумма
초과지출	перерасход
초기조절업무	пуско-наладочные работы
초안	проект
초판본	первый экземпляр
촉진	поощрение
총가격	паушальная цена
총견적	сводная смета
총결산	сводный отчёт
총계	итог
총계획	сводный план
총공급자	генеральный поставщик
총관리국	главное управление
총괄보험증서	бланковый полис
총균형	брутто баланс
총대리인	генеральный агент
총대표	генеральный представитель
총도급	генеральный подряд
총도급인	генеральный подрядчик
총매상고	валовая выручка
총비율	брутто ставка
총상품판매량	объём выручки от реализации продукции
총생산	валовая продукуция

총선임	брутто фрахт
총소득	валовой доход
총액	итоговая сумма, паушальная сумма, брутто
총액불입	паушальный взнос
총중량	вес брутто
총톤수	брутто тонна
최고전문가	ведущий специалист
최신개정기준	прогрессивные норма
최종계획인수조서	протокол приёмки окончательного проекта
최종본	последний экземпляр
최종사용자	конечный пользователь
최종소비자	конечный потребитель
최종수령인	конечный получатель
최초사용자	первый пользователь
최혜국대우	наибольшее благоприятствование
최혜국대우에 관한 약관	оговорка о наибольшем благоприятствование
최혜국우대규정	режим наибольшего благоприятствования
추가가격	цена с надбавкой
추가금액	добавочная стоимость
추가요금	надбавка
추가지불	приплата, доплата
추가지불우편(우표가격의 부족으로 인한)	письмо с доплатой
추계시장	осенняя ярмарка
추심	инкассо, инкассация, инкассирование
사전인수추심	инкассо с предварительным акцептом
상업서류추심	инкассация коммерческих документов
서류추심	инкассо против документов, документарное инкассо
순차인수추심	инкассо с последующим акцептом
전신추심	телеграфное инкассо
즉시지급추심	инкассо с немедленной оплатой

추심거래	инкассовая сделка
추심수수료	инкассовая комиссия
추심식지급	платёж в форме инкассо
추심통지	инкассовое извещениеб инкассовое авизо
추정이익	плановая прибыль
추징금	форфейтинг
추징세	дополнительный налог
추천	рекомендация
추천서	рекомендательное письмо
추천장	референция
춘계시장	весенняя ярмарка
출국비자	вывозная виза, выездная виза
출국사증	вывозная виза, выездная виза
출금전표	расходный ордер
출납	касса
출납업무	кассовые операции
출발	отправление, отъезд, старт, начало
출입국심사	визовой контроль
출자금불입	паевой взнос
출자자	пайщик
출장	командировка
출장비용	командировочные расходы
출판광고	реклама в процесс
출품자	экспонент
출하	выпуск
충족	удовлетворение
취소	аннулирование, канцеллинг
계약취소	аннулирование контракта
주문취소	аннулирование заказа
허가취소	аннулирование лицензии

취소불능보증　безотзывная гарантия
취소불능신용장　безотзывный аккредитив
취임(직위, 직책으로의)　вступление в должность
치수　размер
치외법권지역　зона исключительного права
침체　стагнация

카

카르텔　картель
카카오거래소　биржа какао
카탈로그　каталог
카탈로그식홍보판매　продажа по каталогу
커피거래소　биржа кофе
컨보이　автопоезд
컨설턴트　консультант
컨설팅　консультация, консалтинг
　경영컨설팅　методические консультации
　은행컨설팅　банковские консультации
　조직컨설팅　организационные консультации
컨설팅서어비스　консультационные услуги
컨설팅센터　консультационный центр
컨설팅회사　консультационная фирма
컨소시엄　консорциум
컨테이너　контейнер
컨테이너기지　контейнерная база
컨테이너야적장(CY)　контейнерная база
컨테이너터미널　контейнерный терминал
컨테이너항　контейнерный порт
컨테이너화　контейнеризация
컨테이너화물　контейнерный груз
콘체른　концерн
콜거래　онкольная сделка
콜계정　онкольный счёт
콜옵션(call option)　опцион покупателя

콜융자　онкольный кредит
쿼타　квота
　수입쿼타　импортная квота
　수출쿼타　экспортная квота
　시장쿼타　рыночная квота
　요율쿼타　тарифная квота
　조세쿼타　налоговая квота
클레임　рекламационное требование, претензия, рекламация
　대응클레임　встречная претензия
　수량클레임　претензия по количеству
　품질클레임　претензия по качеству
　클레임분쟁　спор по претензии
　클레임비용　издержки протеста

태환　конверсия
태환성　конвертируемость
태환화폐　конвертируемая валюта
탱크선적　погрузка наливом
탱크인도가격　франко-цистерна, франко-резервуар
탱크적재상태　наливом
터미널　терминал
턴키공급　поставка под ключ
턴키베이스(turnkey base)계약　контракт на строительство под ключ
테스트　испытание
텔레비젼광고　реклама средствами телевидение
텔렉스통지　извещение по телексу
통과　транзит
통과관세　транзитный тариф, сквозной тариф
통과노선　сквозной маршрут
통과물품　транзитные товары
통과비자　транзитная виза
통과사증　транзитная виза
통과선하증권　сквозной коносамент
통과세　транзитная пошлина
통과운임　сквозной фрахт
통과지　пропускной пункт
통과허가　разрешение на транзит
통과화물　транзитный груз
통과화물송장　сквозная накладная
통과화물창고　перевалочный склад

통과화물허가　пропуск транзитных товаров
통관사　декларант
통관심사　таможенное оформление
통보　уведомление, нотис, извещение, ведомость
통산　зачёт
통선인도가격　франко-лихтер
통신물　корреспонденция
통지　уведомление, извещение
　발송통지　извещение об отправке
　상품선적준비완료통지　извещение о готовности товара к погрузке
　선박도착통지　извещение о прибытии судна
　선박입항예정통지　извещение о предполагаемом подходе судна
　선적준비완료통지　извещение о готовности судна к погрузке
　선적통지　извещение об отгрузке
　설비시험준비완료통지　извещение о готовности оборудования
　　　　　　　к испытаниям
　우편통지　извещение по почте
　추심통지　инкассовое извещение
　텔렉스통지　извещение по телексу
　하역준비완료통지　извещение о готовности судна к выгрузке
통지서　ведомость, нотис, нотификация, уведомительное письмо
　가격결정통지서　расценочная ведомость
　비용통지서　ведомость издержек
　선박입항예정통지서　нотис о предполагаемом подходе судна
　선적통지서　нотис о готовности судна к погрузке
　작업통지서　ведомость работ
　주문품통지서　ведомость заказанных материалов
　평가통지서　оценочная ведомость
　표준목록통지서　комплектовочная ведомость
　하역통지서　нотис о готовности судна к выгрузке

하역화물통지서　ведомость выгруженных грузов
화물발송통지서　нотис о готовности товара к отгрузке
통지은행　авизующий банк
통합　объединение
통화　валюта
　가격통화　валюта цены
　거래통화　валюта сделки
　결제통화　валюта платежа, валюта расчёта, клиринговая валюта
　계정통화　валюта счёта
　고정통화 (미달러화 기준)　привязанная валюта
　국가통화　национальная валюта
　국제통화　ключевая валюта, международная валюта
　기축통화　ключевая валюта
　불안정통화　неустойчивая валюта
　불환통화　замкнутая валюта
　송금통화　валюта перевода
　수입자국가통화　валюта страны-импортёра
　수출자국가통화　валюта страны-экспортёра
　신용통화　валюта кредита
　안정통화　устойчивая валюта
　예비통화　резервная валюта
　자유통화　свободная валюта
　하락통화　падающая валюта
통화가치재평가(평가절상)　ревальвация
통화결제　валютное покрытие
통화공제금　валютные отчисления
통화공제기금　фонд валютных отчислений
통화금융전쟁　валютно-финансовая война
통화기준　валютные правила
통화단위　валютная единица

통화대부　　валютный кредит
통화덤핑　　валютный демпинг
통화바스켓　　корзина валют
통화변동　　валютные колебания
통화보증　　валютное обеспечение
통화분쟁　　валютно-финансовый спор
통화비용　　валютные расходы
통화비축　　валютные запасы
통화비축분　　денежные резервы
통화세　　валютная пошлина, денежный налог
통화손실　　валютные потери
통화수입(通貨收入)　　валютные поступления
통화수축　　дефляция
통화시세　　валютная котировка
통화시장증서　　сертификаты денежного рынка
통화약관　　валютная оговорка
통화어음교환　　валютный клиринг
통화업무　　валютные операции
통화옵션　　валютный опцион
통화운영　　денежные операции
통화위기　　валютный кризис
통화유통성　　валютная ликвидность
통화율　　валютный курс
통화자산　　валютные средства
통화재팽창　　рефляция
통화전쟁　　валютная война
통화절약　　валютная экономия
통화정책　　валютная политика
통화제한　　валютные ограничения
통화증서　　валютный сертификат

통화지역	валютная зона
통화환율차액	валютная разница
통화채권	валютный заём
통화쿼타할당	квотирование валюты
통화태환성	обратимость валюты
통화팽창	инфляция
통화평가	валютный паритет
통화할당기준	нормативы валютных отчислений
통화할인	валютная скидка
통화협정	валютное соглашение
통화환산	пересчёт валюты
투기거래	спекулятивная сделка
투기붐	спекулятивный бум
투자	инвестиция, вклад
개인투자	частные инвестиции
국가투자	государственные инвестиции
외환기금투자	инвестирование валютных фондов
직접투자	прямые инвестиции
투자자	инвестор
합작투자	совместные инвестиции
해외투자	зарубежные инвестиции
투자방안	инвестиционные меропиятия
투자성	эффективность капиталовложений
투자은행	инвестиционный банк
투자자	инвестор, вкладчик
투자자본	инвестированный капитал
투자자본회수성	окупаемость капитальных вложений
투자한도	лимит капитальных вложений
투하자본회수기간	срок окупаемости

투화 (긴급상황시 중량을 줄이기위해 배, 항공기 등에서 투기하는 화물)

	выброшенный груз за борт
특례허가	исключительная лицензия
특별계좌	специфицированный счёт, особый счёт
특별계좌결제	расчёт с особых счетов
특별구매	экстренная закупка
특별권한대표	представитель с исключительными правами
특별납입	целевой вклад
특별비용	чрезвычайные расходы
특별용선	специальный чартер
특별인출권(SDR)바스켓	корзина СДР
특별지출금	специальные ассигнования
특별회계	хозрасчёт
특정업무팀	целевая рабочая группа
특허	патент
개발특허	патент на усовершенствование
발명특허	патент на изобретение
유사특허	родственный патент, патент-аналог
유효특허	действующий патент
의장특허	патент на промышленный образец
특허감정가	патентный эксперт
특허권	патентное право
특허권소유자	концессионер, патентовладелец
특허권요구	патенные притязания
특허권자	владелец патента
특허등록	патентование
특허료	патентный сбор
특허변호사	патентный поверенный
특허보증	патентное обеспечение
특허분류	патентная классификация
특허분쟁	патентный спор

특허성검사   проверка патентоспособности
특허성제품   патентоспособное изделие
특허세   патентная пошлина
특허소송   патентный иск
특허신상품   патентоспособная новизна
특허심사   патентная экспертиза
특허양도   уступка патента
특허연합   патентный пул
특허조사   патентный поиск
특허증명서   патентный паспорт
특허증발급   выдача патента
특허청   патентное бюро
특허품견본   запатентованный образец
특허허가   патентная лицензия
특허협약   патентное соглашение
특혜   льгота
특혜관세   преференциальная пошлина
특혜관세지역   зона преференциальных тарифов
특혜우대   преференциальные льготы

파견전문가 командированный специалист
파기 расторжение
파산 банкротство, неплатёжеспособность, несостоятельность
파산법 закон о банкротстве
파산자 банкрот
파손변상 возмещение за поломку
파손보험 страхование от поломок
파업 забастовка
파업에 관한 약관 оговорка о забастовках
파트너 компаньон, партнёр
  교역파트너 партнёр по торговле
  설립파트너 партнёры-учредители
  업무파트너 деловой партнёр
  잠재파트너 потенциальный партнёр
  합작기업파트너 партнёр по совместному предпринимательству
  해외파트너 зарубежный партнёр
판결파기 кассация
판매 продажа, реализация
  거래소판매 биржевая продажа
  견본식홍보판매 продажа по образцу
  경매 продажа с аукциона
  경매판매 аукционная продажа
  농산물판매 продажа на корню
  도매 оптовая продажа
  무사전검사판매 продажа без предварительного осмотра
  선물판매 продажа на срок

소매	розничная продажа
수수료판매	комиссионная продажа
수출판매	продажа на экспорт
신용판매	продажа в кредит
중개판매	посредническая продажа
중량판매	продажа на вес
즉시인도판매	продажа с немедленной поставкой
진열대판매	продажа со стенда
창고판매	продажа со склада
카탈로그식홍보판매	продажа по каталогу
할부판매	продажа в рассрочку
할인판매	продажа со скидкой
해외판매	зарубежная продажа
현금판매	продажа за наличные
흑자판매	продажа с прибылью
판매가격	продажная цена, реализационная цена
판매대리인	агент по продаже, торговой агент
판매된제품	реализованная продукция
판매량	объём запродаж, сбытовая сеть
판매매상고	выручка от продажи
판매박람회	выставка-продажа
판매비용	торговые издержки
판매세	налог с оборота
판매소득	доход от запродаж
판매수익	маржа
판매시장	рынок сбыта
판매식권리재양도	переуступка права путём продажи
판매업무	сбытовые операции
판매옵션	опцион на продажу
판매위탁인	консигнант

판매위탁회사　фирма-консигнант
판매자　продавец
판매자가격　цена продавца
판매자보증　гарантия продавца
판매자시장　рынок продавца
판매자책임　ответственность продавца
판매전서어비스　предпродажное обслуживание, предпродажный сервис
판매중개인　брокер по продаже
판매출하　выпуск в продажу
판매회사　сбытовая фирма
판매후서어비스　послепродажное обслуживание, послепродажный сервис
팔레트(pallet)　паллет, поддон
팔레트적재화물　груз на паллетах
팜플렛　брошюра, проспект
팜플렛(접이식)　буклет
팩토링　факторинг
퍼스트옵션(first option)　право первой руки
편도용선　рейсовый чартер
평가　оценка, паритет
　고정평가　твёрдый паритет
　교환평가　обменный паритет
　금평가　золотой паритет
　신축평가　скользящий паритет
　외환평가　интервалютарный паритет
　통화평가　валютный паритет
평가가격　оценочная стоимость
평가결가서　заключение эксперта
평가절하　девальвация
평가절하화폐　обесцененная валюта
평가통지서　оценочная ведомость

평균가격	балансовая стоимость
평균품질	среднее справедливое качество
폐장시세	котировка при закрытии биржи
포워딩	транспортно-экспедиторское бюро
포워딩서어비스	транпортно-экспедиторское обслуживание
포워딩업무	транспортно-экспедиторские операции
포장	упаковка, пакетирование
공장포장	заводская упаковка
다중포장	многоразовая упаковка
비반송포장	безвозвратная упаковка
생산지포장	фабричная упаковка
수출포장	экспортная упаковка
열대기후포장	тропическая упаковка
운송포장	транспортная упаковка
표준포장	обыкновенная упаковка
포장명세서	поместная спецификация, упаковочная спецификация
포장봉지	пакет
포장비용	издержки по упаковке
포장서	упаковочный лист
포장설명서	упаковочные инструкции
포장재	тара
포장중량	вес с упаковкой, тара
포장하지 않은상태	насыпью
포장하지않은 상태의 적재	навалом
포장해체	распаковка
포장화물	упакованный груз, груз в обрешётке, пакетированный груз
포화상태	насыщение
표시	знак
표준	норма, норматив, стандарт
공장표준	заводской стандарт

국제표준　международный стандарт
금본위　золотой стандарт
러시아연방국가표준　государственный стандарт РФ
부문표준　отраслевой стандарт
생태표준　экологический стандарт
표준가격　нормативная стоимость, расценка
표준가격표　стандартный прейскурант
표준계약　типовой договор
표준공증서류　нормативно-правовые документы
표준규범　типовые нормативы
표준기간　нормативный срок
표준기술서류　нормативно-технические документы
표준기술증명발급　нормативно-техническая документация
표준목록통지서　комплектовочная ведомость
표준소득　нормативный доход
표준중량　стандартный вес
표준증서　нормативный акт
표준포장　кновенная упаковка
표준품질　нормативное качество
표준협약　типовое соглашение
표준화　стандартизация
품명　наименование
품목　статья
품별　сортамент
품종　ассортимент
품종별선택　выбор по ассортименту
품질　качество, сорт
　기능적품질　эксплуатационное качество
　불합격품질　ненадлежащее качество
　상업품질　коммерческое качество

	적정품질	надлежащее качество
	제품품질	качество продукции
	평균품질	среднее справедливое качество
	표준품질	нормативное качество

품질검사 проверка качества
품질검증 квалификация
품질결함 порок качества
품질증명 квалификация
품질차 разница в качестве
품질클레임 претензия по качеству
품질향상상여금 надбавка за повышенное качество
풋옵션(put option) опцион продавца
프라임레이트 прайм-рэйт
프레미엄 лаж, надбавка, премия
프로그램 программа
    경영활동프로그램 программа хозяйственной деятельности
    구매프로그램 программа закупок
    다각화프로그램 программа диверсификации
    목표프로그램 целевая программа
    재무프로그램 программа финансирования
    종합프로그램 комплексная программа
프로젝트 проект
프로젝트개발 разработка проекта
프로토콜 протокол
플랫폼인도가격 франко-железнодорожная платформа
피고 ответчик
피보험자 страхователь
필요 потребность
필요충족 удовлетворение потребностей

하

하도급   субподряд
하도급업자   субподрядчик
하락   снижение
하락된 통화가치를 원상태로 되돌리는 것   ревалоризация
하락통화   падающая валюта
하역   выгрузка, разгрузка
하역기준   норма выгрузки, норма разгрузки
하역비용   расходы по выгрузке товара
하역수량   выгруженное количество
하역준비완료통지   извещение о готовности судна к выгрузке
하역지   пункт выгрузки
하역지체   задержка в разгрузке
하역통지서   нотис о готовности судна к выгрузке
하역항   порт выгрузки, порт разгрузки
하역항선박환삭인도가격   франко-строп судна в порту разгрузки
하역화물통지서   ведомость выгруженных грузов
하역회사   стивидорная компания, стивидорная фирма
하역후중량   выгруженный вес
하운(河運)선화증권   речной коносамент
하운송장   речная накладная
하운용선   речной чартер
하이테크제품   наукоёмкая продукция
하주(荷主)   владелец груза, грузовладелец, собственник груза
하주비용부담하역   выгрузка за счёт фрахтователя
하중톤수   дедвейт
하항(河港)   речной порт

한계 лимит
　금융한계　лимит финансирования
　보험한계　лимит страхования
　비용한계　лимит расходов
　점증한계　лимит скольжения
　책임한계　лимит ответственности
한더미(화물)　партия
한도 лимит
한뭉치(화물)　парцель
할당 квота
할당금액 ассигнование
할당불입금 паевой взнос
할부판매 продажа в рассрочку
할인 скидка, уступка, учёт
　가격할인 скидка с цены
　거래할인 торговая скидка
　딜러할인 дилерская скидка
　보너스할인 бонусная скидка
　상업할인 коммерческая скидка
　통화할인 валютная скидка
할인(파손, 품질불량에 대한) бонификация
할인가격 цена со скидкой
할인거래 учётная сделка
할인어음 учтённый вексель
할인율 дисконтированная коэффициент, учётный процент
할인판매 продажа со скидкой
할증 надбавка
할증가격 цена с надбавкой
할증요금 приплата
함습중량 вес во влажном состоянии

합리화　рационализация
합의　агентское соглашение, договорённость
합의가격　договорная стоимость, договорная цена
합자은행　смешанный банк
합자회사　смешанная компания, смешанное общество
합작기업대표사무소　представительство совместного предприятия
합작기업지역　зона совместного предпринимательства
합작기업파트너　партнёр по совместному предпринимательству
합작생산　совместное производство
합작자금조달　совместное финансирование
합작투자　совместные инвестиции
합작프로젝트　совместный проект
합작회사　совместная компания, совместное предприятие
합작회사등록　регистрация совместного предприятия
합작회사사정관　устав совместного предприятия
합작회사설립인보증　гарантия учредителей совместного предприятия
합작회사의지사　филиал совместного предприятия
합작회사자본투자　вложение средств в совместные предприятия
합작회사참여　участие в совместном предприятии
항(港)　порт, гавань
　개방항　открытый порт
　계약항　договорный порт
　공급항　порт доставки
　공급항　порт поставки
　기항지　порт захода
　매수인지정항　порт по выбору покупателя
　무역항　торговый порт
　반입항　порт ввоза
　발송항　порт отправления
　선적항　порт отгрузки, порт погрузки

선적항　порт приписки
송하인지정하역항　порт выгрузки по выбору отправителя
원산지항　порт происхождения
지정항　порт назначения
컨테이너항　контейнерный порт
하역항　порт выгрузки, порт разгрузки
하항(河港)　речной порт
해항　морской порт
화물항　грузовой порт
환적항　порт перевалки
항공기인도가격　франко-борт самолёта
항공로　авиалиния
항공운송　авиатранспорт, авиационные перевозки
항공운송로　линия воздушного транспорта
항공운송회사　авиатранспортная компания, авиационный перевозчик
항공운임　авиафрахт
항공화물송장　авиагрузовая накладная
항공회사　авиакомпания, авиалиния
항구　порт, гавань
항만　гавань
항만관례　портовые обычаи
항만료　портовые сборы
항만세　портовая пошлина
항만야적물품담보대출　кредитование под товары, находящиеся в портах
항만조사인　портовый инспектор
항만창고　портовый склад
항만환적처리도　перегруженность порта
항목　статья
　계약서항목　статья контракта
　계정항목　статья баланса

부채항목	статья пассива
비용항목	статья расходов
수입품목	статья импорта
예산항목	бюджетная статья
자산항목	статья актива
항목시세	попозиционная котировка
항소	апелляция
항의	протест
항해로	судоходная линия
항해보험증서	рейсовый полис
해난보고서	морской протест
해상보험	морское страхование
해상보험계약	договор морского страхования
해상보험증서	полис морского страхования
해상운송	морские перевозки
해상운송계약	договор морской перевозки
해상운송회사	морской перевозчик
해상이의신청서	заявление морского протеста
해손	авария
해손보험	страхование от аварий
해손부담불입금	аварийный взнос
해손비용	аварийные расходы
해손손실	аварийные убытки
해손조서	диспаша
해손조서작성사무소	бюро диспашёров
해손조서작성자	диспашёр
해손중개인	аварийный комиссар
해손증서	аварийный бонд, аварийный сертификат
해손청산	диспач
해안인도가격	франко-набережная

해약금   неустойка, штрафная неустойка, отступные деньги
해약금액   отступная сумма
해외계약당사자   зарубежные контрагенты
해외기술도입   привлечение зарубежной техники и технологии
해외송금   перевод за границу
해외시장상품판매수입(海外市場商品販賣收入)   поступления от реализации продукции на внешнем рынке
해외시장진출   выход на внешний рынок
해외시장진출권   право выхода на внешние рынки
해외출장   зарубежная командировка
해외출품자   зарубежный экспонент
해외투자   зарубежные инвестиции
해외파트너   зарубежный партнёр
해외판매   зарубежная продажа
해운간행물   судовой журнал
해운대리인   морской агент
해운대리점   морское агентирование
해운세관   морская таможня
해운터미널   морской терминал
해제   канцеллинг
해항   морской порт
행정기관   администрация
향후계획   перспективный план
허가   концессия, лицензия, лицензирование, разрешение
  개인허가   индивидуальная лицензия
  공급허가   разрешение на поставку
  교차허가   перекрёстная лицензия, перекрёстное лицензирование
  기명허가   именное разрешение
  단수허가   разовое разрешение

단순허가	простая лицензия
반입허가	разрешение на ввоз
반출허가	разрешение на вывоз
비특례허가	неисключительная лицензия
상호허가	взаимное лицензированиес
세관허가	разрешение таможни, таможенная лицензия
수입허가	импортная лицензия, разрешение на импорт
수출입허가	экспортная и импортная лицензия
수출허가	разрешение на экспорт, экспортная лицензия
약정허가	договорная лицензия, договорное лицензирование
양도불능허가	лицензия без права передачи
외환허가	валютное разрешение
일괄허가	общая лицензия, пакетное лицензирование
일반허가	генеральная лицензия, генеральное разрешение
재수출허가	разрешение на реэкспорт
제품 및 기술에 대한 허가	лицензии на изделия и технологию
제한허가	ограниченная лицензия
통과허가	разрешение на транзит
특례허가	исключительная лицензия, патентная лицензия
허가거래	лицензионная сделка
허가권	лицензионное право
허가무역	лицензионная торговля
허가발급	лицензирование
허가발급인	лицензиар
허가법률	лицензионное право
허가서발급	выдача лицензии
허가서발급신청서	заявление о выдаче разрешения
허가세	лицензионная пошлина
허가수령인	получатель лицензии
허가수수료	лицензионный сбор

허가유효기간　время действия лицензии
허가이용을 위한 협력　сотрудничество на базе реализации лицензий
허가취득인　лицензиат
허가취소　аннулирование лицензии
헤징　хеджирование
혁신　реновация
현금　наличные деньги, наличные, наличность, денежная наличность
현금결제　наличный расчёт
현금구매　покупка за наличные
현금기금　денежный фонд
현금대부　денежный заём
현금보유고　кассовая наличность
현금보증　денежное обеспечение
현금불입　денежный взнос
현금비용　денежные расходы
현금서어비스　кассовое обслуживание
현금수령증　квитанция в получении денег
현금수입(現金收入)　кассовые поступления
현금신용장　аккредитив в наличной форме
현금전표　кассовый ордер
현금지급　платёж наличными
현금출납장　приходно-расходная книга
현금판매　продажа за наличные
현금화가능성　ликвидность
현대화　модернизация
현물가격　цена спот
현물거래　сделка на наличный товар, сделка на реальный товар, спот
현물보상　вознаграждение натурой
현물세　натуральный налог
현물재고　наличный запас

현장검사　инспектирование на месте
현장검사　проверка на месте
현장인도가격　франко-место нахождения
현재고　наличность
현재비용　текущие расходы
현재수요　текущие потребности
현행검사　текущая проверка
현행율　действующая ставка
현행훈령　действующие инструкции
협동생산　кооперированное производство
협동조합　кооператив
협력　сотрудничество
　경제협력　экономическое сотрудничество
　다자간협력　многостороннее сотрудничество
　대외경제협력　внешнеэкономическое сотрудничество
　대외무역협력　внешнеторговое сотрудничество
　무역경제협력　торгово-экономическое сотрудничество
　보상적 기반에서의 협력　сотрудничество на компенсационной основе
　상호이익적 협력　взаимовыгодное сотрудничество
　생산협력　производственное сотрудничество
　업무협력　деловое сотрудничество
　장기협력　долгосрочное сотрудничество
　허가이용을 위한 협력　сотрудничество на базе реализации лицензий
협력계약　договор о сотрудничестве
협력관계　кооперационные связи
협력기구　кооперативная организация
협상　переговоры
　다자간협상　многосторонние переговоры
　무역협상　торговые переговоры
　비공개협상　закрытые переговоры

상무협상	коммерческие переговоры
쌍무협상	двусторонние переговоры
협상가격차	ножницы цен
협상재개	возобновление переговоров
협약	соглашение, агентское соглашение
결제협약	платёжное соглашение
국제철도운송협정(COTIF)	соглашение о международных железнодорожных перевозках [КОТИФ]
국제협약	международное соглашение, международная конвенция
금융협약	финансовое соглашение
다자간협약	многостороннее соглашение
단기협약	краткосрочное соглашение
대리점협약	агентское соглашение
대외무역협약	внешнеторговое соглашение
라이센스협약	лицензионное соглашение
무역경제협약	торгово-экономическое соглашение
바터협약	бартерное соглашение
바터협약	товарообменное соглашение
보상공동협약	соглашение о сотрудничестве на компенсационной основе
보상협약	компенсационное соглашение
생산전문화 및 협력에 관한 협약	соглашение о производственной специализации и кооперировании
생산협력에 관한 협약	соглашение о производственной кооперации
세계협약	мировое соглашение
신사협약	джентльменское соглашение
신용협약	кредитное соглашение
쌍무협약	двустороннее соглашение
어음교환계약	клиринговое соглашение
위탁판매협약	консигнационное соглашение

의정협약	соглашение о намерении
임대차협약	арендное соглашение
장기협약	долгосрочное соглашение
조합협약	кооперационное соглашение
중재협약	арбитражное соглашение
특허협약	патентное соглашение
표준협약	типовое соглашение
협약유효기간	срок действия соглашения
협의의정서	протокол переговоров
협의항로	конференциальная линия
협정	соглашение, конвенция, договор, агентское соглашение
국제협정	международное соглашение, международная конвенция
다자간협정	многостороннее соглашение
유럽통화협정	Европейское валютное соглашение
정부간협정	межправительственное соглашение
통화협정	валютное соглашение
협정관세	конвенционная пошлина, конвенционный тариф
협정율	аккордная ставка
협회	корпорация
형식	проформа
호텔예약	бронирование гостиницы
혼합보험증서	смешанный полис
혼합화물	смешанный груз
홍보	реклама
화물	груз, карго, партия груза
갑판적재화물	палубный груз
계약화물	контрактный груз
고가화물	ценый груз
교역화물	торговый груз
길이가 긴 화물	длинномерный груз

낱개화물	штучный груз
냉동화물	рефрижераторный груз
단일화물	однородный груз
동종화물	однородный груз
면세화물	беспошлинный груз
무관세화물	беспошлинный груз, не облагаемый груз пошлиной
묶음화물	груз в кипах
미신고화물	незаявленный груз
박람회화물	выставочный груз
벌크화물	навалочный груз, бестарный груз, насыпной груз, не упакованный груз, груз россыпью
보관중파손화물	повреждённый груз во время хранения
보세화물	не оплаченный груз пошлиной
부보화물	застрахованный груз
부패성화물	скоропортящийся груз
분할화물	парцельный груз
비부보화물	незастрахованный груз
비포장화물	груз без упаковки, навалочный груз, бестарный груз, насыпной груз, не упакованный груз, груз россыпью, незатаренный груз
수신인기명화물	адресованный груз
수입화물	импортный груз
수출화물	экспортный груз
액상화물	наливной груз
옵션화물	опционный груз
용적초과화물	негабаритный груз
운송가능화물	годный к транспортировке груз
운송중파손화물	повреждённый груз в пути
위험화물	опасный груз
일반화물	генеральный груз

적재적량화물　габаритный груз
적재화물　штабелированный груз
종이박스포장화물　груз в коробках
종합화물　груз в аггрегированном состоянии
종합화물　сборный груз
주머니(자루)포장화물　груз в мешках
창고화물　складской груз
컨테이너화물　контейнерный груз
통과화물　транзитный груз
팔레트적재화물　груз на паллетах
포장화물　упакованный груз, груз в обрешётке, пакетированный груз
혼합화물　смешанный груз
화물검사　досмотр груза
화물공급　доставка груза
화물공동시설　грузовой пул
화물균배　тримминг
화물기중기용량　грузоподъёмность
화물단위　единица груза
화물담보권　право удержания груза
화물도착지　пункт доставки груза
화물등록　букировка груза
화물량　объём партии
화물명세서　спецификация груза
화물미공급　недоставка груза
화물반송　возврат груза
화물발송　отправка груза
화물발송대리점　транспортно-экспедиционное агентство
화물발송인　грузоотправитель
화물발송통지서　нотис о готовности товара к отгрузке
화물보관　хранение грузов

화물서류	грузовые документы
화물선착장	грузовой причал
화물선취권	право удержания груза
화물손상	порча груза
화물송장	грузовая накладная
화물수량부족	недостача груза
화물수령증	грузовая квитанция
화물수신처정정	переадресование груза
화물수취인	грузополучатель, грузоприёмщик
화물신고서	грузовой манифест, судовой манифест
화물압류	арест на груз
화물압류증서	акт о конфискации груза
화물양도	передача груза
화물옵션	грузовой опцион
화물요금	грузовые сборы
화물운송	грузовые перевозки, грузоперевозки
화물운송신청서	заявка на перевозку грузов
화물운송업자	экспедитор груза
화물운송영수증	товаросопроводительная квитанция
화물운송전문가	эксперт по перевозке грузов
화물운송회사	перевозчик грузов
화물유통	грузооборот
화물인도	выдача груза
화물작업기준	норма грузовых работ
화물정리	тримминг
화물증서	грузовой сертификат
화물지체	задержание груза
화물집적	скопление грузов
화물창고	торговый склад
화물처분권	право распоряжения грузом

화물팔레트　грузовой поддон
화물포장　затаривание груза
화물항　грузовой порт
화물환신용장　документарный аккредитив
화물환어음　документированная тратта
화물환적　перевалка груза, перегрузка груза
화물환적인수　приём груза к перевозке
화인마크표시　грузовая маркировка
화재 및 자연재해보험　страхование от огня и стихийных бедствий
화차인도가격　франко-вагон
화폐　валюта
　계약화폐　валюта контракта
　공동화폐　коллективная валюта
　불태환화폐　неконвертируемая валюта
　자유변동화폐　свободно плавающая валюта
　자유태환화폐　свободно конвертируемая валюта
　태환화폐　конвертируемая валюта
　평가절하화폐　обесцененная валюта
화폐가치　валютные ценности, денежная стоимость
화폐교환　обмен валюты, размен денег
화폐발행　эмиссия денег
화폐발행은행　эмиссионный банк
화폐식납입　вклад в денежной форме
화폐위기　денежный кризис
화폐재원　денежные ресурсы
화폐태환성　конвертируемость валюты
확인　удостоверение
확인신용장　тверждённый аккредитив
확정오퍼　твёрдое предложение
확정주문　твёрдый заказ

환경오염　загрязнение окружающей среды
환급　возврат
　금액환급　возврат суммы
　납입환급　возврат вклада
　세금환급　возврат суммы налога
　초과지급금환급　возврат ошибочно переплаченной суммы
환급관세　возвратная пошлина
환산　пересчёт перерасчёт
환송금　денежный перевод
환어음　переводный вексель
환어음　тратта
환어음연장　пролонгация тратты
환율　валютный коэффициент, курс
환율변경　изменение курса валют
환율변동　курсовые колебания
환율손실　курсовые потери
환율차액　курсовая разница
환적비용　расходы по перегрузке
환적항　порт перевалки
환전　обмен валюты
활동　деятельность, операция
　거래활동　торговые операции
　경영활동　хозяйственная деятельность
　대외경제활동　внешнеэкономическая деятельность, внещнеэкономические операции
　대외무역활동　внешнеторговая деятельность, внешнеторговые операции
　비상업활동　неторговые операции
　상업활동　коммерческая деятельность, коммерческие операции
　선적하역작업　погрузочно-разгрузочные операции

수입활동　импортные операции
수출입활동　экспортно-импортные операции
수출활동　экспортные операции
활동기업　действующее предприятие
회계감사　бухгалтер-ревизор
회계결산　бухгалтерский отчёт
회계계정　балансовый счёт
회계기록　бухгалтерская запись
회계보고서　бухгалтерская отчётность
회계부책임자　старший бухгалтер
회계서류　бухгалтерские документы
회계연도　балансовый год
회계원　бухгалтер
회계장부감사　проверка ведения бухгалтерского учёта
회계정산　бухгалтерский учёт
회계책임자　главный бухгалтер
회사　компания, предприятие, фирма
　개인회사　частная компания
　건축-보수회사　строительно-монтажная фирма
　광고회사　рекламная фирма
　기술컨설팅회사　инженерно-консультационная фирма
　대리점회사　агентская фирма
　대외무역회사　внешнеторговая фирма
　도급회사　подрядная фирма
　도매회사　оптовая фирма, оптовое предприятие
　독립채기업　хозрасчютная фирма
　라이센스회사　фирма-лицензиар
　러시아 및 외국기업출자회사　предприятие с участием российских и иностранных организаций
　러시아연방내에서 인가된 회사　аккредитованная фирма в РФ

리스회사　лизинговая фирма
마케팅회사　маркетинговая фирма
무역회사　внешнеторговое предприятие, торговая компания,
　　　　торговое предприятие, торговая фирма
무한책임회사　компания с неограниченной ответственностью
발송회사　посылочная компания, посылочная фирма
보험회사　страховая компания, страховая фирма
복합운송회사　транспортно-экспедиторская фирма,
　　　　транспортно-экспедиционная компания
상업회사　коммерческое предприятие
수입대행회사　импортозамещающее предприятие
수출회사　фирма-экспортёр
엔지니어링회사　инжиниринговая фирма
여행사　туристическая фирма
외국인회사　иностранная компания, иностранная фирма
외국자본참여합작회사　совместное предприятие с участием
　　　　иностранного капиталп
운송회사　транспортная компания
유한책임회사　компания с ограниченной ответственностью
자회사　дочернее предприятие, дочерняя компания
주식회사　акционерная компания
중개회사　брокерская фирма, посредническая фирма
지주회사　холдинговая компания
컨설팅회사　консультационная фирма
판매위탁회사　фирма-консигнант
판매회사　сбытовая фирма
하역회사　стивидорная компания, стивидорная фирма
합작회사　совместная компания, совместное предприятие
회사의지점　филиал фирмы
회사인(명판)　штамп предприятия

한러무역용어사전 235

회사주소	адрес предприятия
회사표시	фирменный знак
회수자산	вырученные средства
회원	член
회원국가	государство-член
회전계획	план оборота
회전신용장	автоматически возобновляемый аккредитив, ольверный аккредитив
회전융자	револьверный кредит
횡선수표	кроссированный чек
효력발생	вступление в силу
효력발생일	время вступления в силу
효율성	оперативность
훈령	инструкция
휘장료	гербовый сбор
흑자생산	прибыльное производство
흑자판매	продажа с прибылью
흠	порок

аваль   어음보증
аваль векселя   어음보증
аванс   선불, 선금
аванс в счёт платежей   대금지불에서의 선불
аванс поставщику   공급자에 대한 선불
авария   사고 비상사태 해손
авиакомпания 항공회사
авиалиния   항공회사 항공로
авиалиния, регулярная   정기항로
авиатранспорт   항공운송
авиафрахт   항공운임
авизо   결제, 송금, 발송 등의 통지(서)
авизо, инкассовое   추심통지
авизо об акцепте   인수통보
авизо об открытии аккредитива   신용장 개설통보
авизо о платеже   지불통보
автонакладная   육상화물 운송장
автоперевозки   육상운송
автопоезд   자동차 대열, 컨보이
автор изобретения   발명특허자
авуары   자산
авуары, блокированные   고정자산
авуары в иностранной валюте   외국환자산
авуары, ликвидные   유동자산
агент   대리인, 중개인
агент арендодателя   임대인측 대리인

러한무역용어사전 237

агент, генеральный 총대리인
агент, единственный 독점대리인
агент, импортный 수입대리인
агент, исключительный 독점대리인
агент, коммерческий 상업대리인, 무역대리인
агент, консигнационный 위탁대리인
агент, морской 해운대리인
агент по закупкам 구매대리인
агент по продаже 판매대리인
агент, страховой 보험대리인
агент судовладельца 선주측대리인
агент, торговой 판매대리인
агент, транспортный 운송대리인
агент фрахтователя 용선대리인
агент, экспортный 수출대리인
агентирование, морское 해운대리업
агентство 대리점, 에이전트
агентство, государственное 국영대리점
агентство, Международное энергетическое 국제에너지기구 (IEA)
агентство, монопольное 독점대리점
агентство по атомной энергии, Международное [МАГАТЭ]
　　　　　　　　　　　　　　　　국제원자력기구 (IAEA)
агентство, рекламное 광고대리점
агентство с исключительными правами 독점대리점
агентство с полным циклом услуг 종합대리점
агентство, страховое 보험대리점
агентство, торговое 무역대리점
агентство, транспортное 운송대리점
агентство, транспортно-экспедиционное 화물발송대리점
агентство, туристическое 관광대리점

аддендум 조약, 계약 등의 부속문서
администрация 행정기관, 관리기관
адресант 발신인, 어음발행인
адресат 수신인, 어음수령인
адрес предприятия 회사주소
аккредитация인가
аккредитация организаций 조직인가
аккредитив 신용장(L/C, Letter of credit))
аккредитив, автоматически возобновляемый 회전신용장
аккредитив, безотзывный 취소불능신용장
аккредитив, бланковый 무기명신용장
аккредитив в наличной форме 현금신용장
аккредитив, выставленный на кого-либо 기명식신용장
аккредитив, делимый 분할신용장
аккредитив, документарный 화물환신용장
аккредитив, долгосрочный 장기신용장
аккредитив, компенсационный back-to-back 신용장
аккредитив, непереводный 양도불능신용장
аккредитив, неподтверждённый 미확인신용장
аккредитив, переводный 양도가능신용장
аккредитив, подтверждённый 확인신용장
аккредитив, револьверный 회전신용장
аккредитив с платежом в рассрочку 분할지불신용장
аккредитив сроком действия на ... ...까지 유효한 신용장
аккредитив, товарный 상업신용장
аккредитив, циркулярный 순회신용장
аккредитив, чистый 무담보신용장
аккредитив, экспортный 수출신용장
аккумуляция средств 자금축적
акт 조서, 증서

акт, аварийный 사고조서
акт, законодательный 법규
акт испытании 시험증명서
акт, коммерческий 상업증서
акт, нормативный 표준증서
акт об уступке 양도증서
акт о качестве 품질증명서
акт о конфискации груза 화물압류증서
акт о передаче правового титула 법적양도증서
акт о протесте 이의제기서
акт осмотра 검사증서
акт о суброгации 대리증서
акт приёмки 수령증서
акт, рекламационный 이의제기서
акт сдачи-приёмки 인도-수령증서
акт сюрвейера 선박검사관증서
акт таможенного досмотра 세관검사증서
акт экспертизы 감정증서
активы 자산
активы, замороженные 동결자산
активы, ликвидные 유동자산
активы, мёртвые 사자산
активы, неликвидные 고정자산
активы предприятия 기업자산
активы, резервные 예비자산
активы, труднореализуемые 단기간 처분되지 않는 자산
акцепт 승낙, 인수, 수령
акцепт, банковский 은행인수
акцепт, безусловный 무조건인수
акцепт, бланковый 무기명인수

акцепт коммерческих документов　상업서류인수
акцепт, ограниченный　제한승낙
акцепт, последующий　사후승낙
акцепт, предварительный　사전승낙
акцепт против документов　서류상환부승낙
акцепт счёта　계산서인수
акцепт тратты　어음인수
акцепт, условный　조건부승낙
акцепт, частичный　부분승낙
акцепт, чековый　수표인수
акциз　내국소비세
акционер　주주, 주식소유인
акция　주식
акции, банковские　은행주식
акции, депонированные　예탁주식
акции, именные　기명주식
акции, обыкновенные　일반주식
акции, предъявительские　무기명주식
акции, привилегированные　우선주식
акции, учредительские　발기인주식
амортизация　감가상각
анализ　분석
анализ доходов и расходов　수입-지출 분석
анализ рынка　시장분석
анализ спроса　수요분석
анализ финансового состояния　재무분석
анализ экономической эффективности　경제성분석
аналоги　유사체
аналоги, международные　국제표준
анкета　설문서, 앙케이트

부록 241

анкета установленного образца　지정견본에 대한 설문서
аннулирование заказа　주문취소
аннулирование контракта　계약취소
аннулирование лицензии　허가취소
апелляция　상소, 항소, 상고
апробация　승인
арбитр　중재자
арбитраж　중재, 차익거래
арбитраж, биржевой　상사중재
арбитраж, валютный　외환중재
арбитраж, внешнеторговый　대외무역중재
арбитраж, государственный　국가중재
арбитраж, международный　국제중재
арбитраж, многосторонний　다자간중재
арбитраж, товарный　상품중재
аренда　임대, 임대료
аренда, долгосрочная　장기임대
аренда, краткосрочная　단기임대
аренда площади　장소임대
аренда стенда　진열대임대
арендатор　임차인
арест на груз　화물압류
архив　문서보관소
ассигнование　지출, 할당(금액)
ассигнования, бюджетные　예산지출금
ассигнования на капиталовложения　자본지출금
ассигнования на рекламу　광고지출금
ассигнования, специальные　특별지출금
ассортимент　품종, 범위
ассортимент, товарный　상품품종, 상품범위

ассортимент, широкий 광범위
ассортимент, экспортный 수출품범위
ассоциация по стандартизации, Американский 미국표준협회 (ASA)
ассоциация развития, Международная [MAP] 국제개발연맹 (IDA)
ассоциация свободной торговли, Европейская 유럽자유무역협정 (EFTA)
ассоциация свободной торговли, Североамериканская
　　　　　　　　　　　　　　　　　　　　　북미자유무역협정 (NAFTA)
аттестация 증명서
аттестация, государственная 국가증명서
аттестация продукции 물품증명서
аудитор 감사
аукцион 경매
аукцион, лесной 목재경매
аукцион, международный 국제경매
аукцион, пушной 모피경매
аукцион, товарный 상품경매
аутсайдер 조합비가입자
аэропорт 공항

Б

багаж　수하물
база　기지, 기초, 기반
база, контейнерная　컨테이너야적장(CY), 컨테이너기지
база, материально-техническая　물자-기술적 기반
база, материально-финансовая　물자-재정적 기반
база, сырьевая　원자재기반
база, финансовая　재무기반
базис поставки　공급기초
баланс　균형, 대차대조표, 수지
баланс, бухгалтерский　대차대조표
баланс, внешнеторговый　대외무역수지
баланс, заключительный　마감계정
баланс, платёжный　국제수지
баланс, предварительный　임시대차대조표
баланс, расчётный　결제계정
баланс, самостоятельный　독립계정
баланс, сводный　마감대차대조표
баланс, торговый　무역수지
баланс, финансовый　재무수지
банк　은행
банк, авизующий　통지은행
банк, акционерный　주식은행
банк, государственный　국영은행
банк данных　자료은행, 데이터뱅크
банк, депозитный　예금은행
банк, инвестиционный　투자은행

банк, иностранный 외국은행
банк информации 정보은행
банк, коммерческий 상업은행
банк, кооперативный 연합은행
банк, международный 국제은행
банк, национальный 국립은행
банк, сберегательный 저축은행, 적립은행
банк, смешанный 합자은행
банк, ссудный 대부은행
банк, торговый 무역은행
банк, центральный 중앙은행
банк, частный 사립은행
банк, экспортно-импортный 수출입은행
банк, эмиссионный 화폐발행은행
банк-акцептант 인수은행
банк-аутсайдер 조합비가입은행
банк-гарант 보증은행
банк-корреспондент 대리은행
банк-кредитор 채권은행
Банк международных расчётов 국제결제은행 (BIS)
банк развития, Азиатский [АБР] 아시아개발은행 (ADB)
банк реконструкции и развития, Европейский [ЕВРР]
　　　　　　　　　　　　　　　유럽부흥개발은행 (EBRD)
банк реконструкции и развития, Международный [МБРР]
　　　　　　　　　　　　　　　국제부흥개발은행 (IBRD)
банк-ремитент 송금은행
банкнота 은행권
банкрот 파산자, 지불무능력자
банкротство 파산
бартерный 물물거래, 바터

барьер　　장벽, 장애
бенефициант　　수령인, 수익자
бизнес　　사업, 비즈니스
бизнес, большой　　대규모사업
бизнес, малый　　소규모사업
бизнесмен　　사업가, 비즈니스맨
биржа　　거래소
биржа, валютная　　외환거래소
биржа, зарегистрированная　등록거래소
биржа, зерновая　　곡물거래소
биржа какао　　카카오거래소
биржа, каучуковая　　고무거래소
биржа кофе　　커피거래소
биржа, лесная　　목재거래소
биржа металлов　　철강거래소, 금속거래소
биржа, неофициальная　　비공식거래소
биржа, Нью-Йорская фондовая　　뉴욕증권시장 (NYSE)
биржа, официальная　　공식거래소
биржа сахара　　설탕거래소
биржа сельскохозяйственных товаров　　농산물거래소
биржа, товарная　　상품거래소
биржа, фондовая　　주식거래소
биржа, фрахтовая　　보험거래소
биржа, хлебная　　곡물거래소
биржа, хлопковая　　목화거래소
биржа ценных бумаг　　유가증권거래소
биржа, чёрная　　암시장
благоприятствование, наибольшее　　최혜국대우
бланк　　서식용지
блок　　제휴, 연합, 블록

блокада 봉쇄
блокада, кредитная 신용봉쇄
блокада, таможенная 세관봉쇄
блокада, торговая 무역봉쇄
блокада, экономическая 경제봉쇄
бойкот 불매동맹, 보이코트
бойкот, финансовый 금융보이코트
бойкот, экономический 경제보이코트
бонд, аварийный 해손증서
бонификация (파손, 품질불량에 대한) 배상, 할인
бонус 상여금, 보너스
бракераж 검사
брокер 중개인, 브로커
брокер, аукционный 경매중개인
брокер, биржевой 거래중개인, 주식중개인
брокер делькредере 지불보증중개인
брокер по покупке 매입중개인
брокер по продаже 판매중개인
брокер по фрахтованию 용선중개인
брокер, страховой 보험중개인
брокер судовладельца 선주측중개인
брокер, судовой 선박중개인
брокер фондовой биржи 주식거래중개인
брокер, фрахтовый 용선중개인
брокераж 중개(업)
бронирование гостиницы 호텔예약
брошюра 팜플렛, 브로셔
брутто 총액
брутто баланс 총균형
брутто за нетто 순톤수대비총톤수

брутто ставка   총비율
брутто тонна   총톤수
брутто фрахт   총선임
букинглист   등록부
букингнот   등록부
букировка груза   화물등록
буклет   (접는) 팜플렛
буклет, рекламный   광고팜플렛
буклет, фирменный   기업팜플렛
буксир   견인선, 예인선
буксировка   견인, 예인
бум   벼락경기, 붐
бум, биржевой   거래소붐
бум, спекулятивный   투기붐
бум, экономический   경제붐
бункеровка   연료보급
бухгалтер   회계원, 경리원
бухгалтер, главный   회계책임자
бухгалтер, старший   회계부책임자
бухгалтер-ревизор   회계감사
бюджет   예산
бюджет, годовой   연간예산
бюджет, государственный   국가예산
бюджет, доходный   수입예산
бюджет, расходный   지출예산
бюджет, текущий   당좌예산
бюллетень   고시, 게시, 공고
бюллетень, биржевой   거래공고
бюллетень, курсовой   시세공고
бюллетень, торговый   무역공고

бюро диспашёров   해손조서작성사무소
бюро обслуживания   안내실
бюро, патентное   특허청
бюро, рекламное   광고국
бюро, техническое   기술국
бюро, транспортно-экспедиторское   복합운송대리점, 포워딩
бюро услуг   서어비스센터

В

валоризация 물가안정
валюта 통화, 화폐
валюта, бумажная 지폐
валюта векселя 어음환
валюта, замкнутая 불환통화
валюта, иностранная 외화
валюта, клиринговая 결제통화
валюта, ключевая 기축통화, 국제통화
валюта, коллективная 공동화폐
валюта, конвертируемая 경화, 태환화폐
валюта контракта 계약화폐
валюта кредита 신용통화
валюта, международная 국제통화
валюта, национальная 국가통화
валюта, неконвертируемая 연화, 불태환화폐
валюта, неустойчивая 불안정통화
валюта, обесцененная 평가절하화폐
валюта, падающая 하락통화
валюта перевода 송금통화
валюта платежа 결제통화
валюта, привязанная 고정통화 (미달러화 기준)
валюта расчёта 결제통화
валюта, резервная 예비통화
валюта, свободная 자유통화
валюта, свободно конвертируемая 자유태환화폐
валюта, свободно плавающая 자유변동화폐

валюта сделки　거래통화
валюта страны-импортёра　수입자국가통화
валюта страны-экспортёра　수출자국가통화
валюта счёта　계정통화
валюта, твёрдая　경화
валюта, устойчивая　안정통화
валюта цены　가격통화
варрант, складской　창고화물증권
варрант, таможенный　세관화물증권
ваучер　증서, 바우처
ввод в эксплуатацию　시동, 가동
ввоз　수입, 반입
ввоз, временный　임시반입
ввоз имущества в РФ　러시아연방으로의 자산반입
ввоз, обратный　재반입
ввоз ранее вывезенных товаров　과거반출상품의 반입
ввоз товаров, беспошлинный　무관세상품수입
ведомость　통보, 통지(서), 보고서, 일람표
ведомость выгруженных грузов　하역화물통지서
ведомость заказанных материалов　주문품통지서
ведомость издержек　비용통지서
ведомость, комплектовочная　표준목록통지서
ведомость, оценочная　평가통지서
ведомость работ　작업통지서
ведомость, расценочная　가격결정통지서
ведомство　정부부처 및 기구조직, 관청
векселедатель　어음발행인
векселедержатель　어음소지인
векселеполучатель　어음수령인
векселепредъявитель　어음제시인

вексель 어음
вексель, авансовый 선급어음
вексель, акцептованный 인수어음
вексель, банковский 은행어음
вексель, бланковый 백지어음
вексель, встречный 대응어음
вексель, долгосрочный 장기어음
вексель, домицилированный 지불장소지정어음
вексель, дружеский 융통어음
вексель, коммерческий 상업어음
вексель, краткосрочный 단기어음
вексель на предъявителя 일람불어음
вексель, неоплаченный 부도어음
вексель, опротестованный 이의제기어음
вексель, первоклассный 우량어음
вексель, переводный 환어음
вексель, переучтённый 재할인어음
вексель, подтоварный 상품어음
вексель, предъявительский 일람불어음
вексель, пролонгированный 유예어음, 연기어음
вексель, просроченный 기한초과어음, 부도어음
вексель, простой 약속어음
вексель с передаточной надписью 배서어음
вексель, срочный 정기불어음
вексель, торговый 무역어음
вексель, учтённый 할인어음
вексель, финансовый 금융어음
вес 중량
вес брутто 총중량
вес брутто за нетто 순중량대비 총중량

вес во влажном состоянии　함습중량
вес в сухом состоянии　건조중량
вес, выгруженный　하역후중량
вес до отгрузки　선적전중량
вес, живой　생중량
вес, избыточный　초과중량
вес, коносаментный　선하증권중량
вес, контрольный　검사중량
вес нетто　순중량
вес, отгрузочный　선적중량
вес, погруженный　선적후중량
вес, стандартный　표준중량
вес с упаковкой　포장중량
вес, фактический　실중량
вес, фактурный　송장중량
вес, чистый　순중량
весовщик　검량인
весовщик, официальный　공식검량인
весовщик, присяжный　공인검량인
взаимообмен　상호교환
взнос　불입, 불입금
взнос, аварийный　해손부담불입금
взнос, арбитражный　중재료
взнос в бюджет　예산불입금
взнос в счёт погашения　부채불입금
взнос в уставный фонд　설립자본불입금
взнос, денежный　현금불입
взнос, долевой　소유분불입
взнос, единовременный　일괄불입
взнос, обязательный　의무불입

взнос, паевой   할당불입금, 출자금
взнос, паушальный   총액불입
взнос, просроченный   기한초과불입
взнос, регистрационный   등기료
взнос, страховой   보험불입
взнос, частичный   분할불입
взыскание   청구, 징수, 징수금
взыскание на имущество   자산에 대한 징수
взыскание налогов   세금징수
взыскание пени   과태료징수
взыскание пошлин   관세징수
взыскание ссуды   대출청구
взыскание суммы   금액청구
взыскание убытков   손실청구
вид, товарный   상품유형
вид транспортировки   운송유형
виза   사증, 비자
виза, ввозная   입국사증
виза, въездная   입국사증
виза, вывозная   출국사증
виза, выездная   출국사증
виза многократного пользования   복수사증
виза, обыкновенная   일반사증
виза, постоянная   영구사증
виза, транзитная   통과사증
виза, туристская   관광사증
вклад   납입 투자
вклад, банковский   은행납입
вклад, беспроцентный   무이자납입
вклад, бессрочный   무기한납입

вклад в вещественной и стоимостной форме 　물품 및 가치평가식 납입
вклад в денежной форме 　화폐식납입
вклад в иностранной валюте 　외화납입
вклад в российской валюте 　러시아화폐납입
вклад в товарной форме 　상품납입
вклад в уставный фонд предприятия 　기업설립자본금납입
вклад до востребования 　요구불납입
вклад, долгосрочный 　장기납입
вклад, именной 　기명납입
вклад, краткосрочный 　단기납입
вклад, процентный 　이자식납입
вклад, сберегательный 　적립납입
вклад, срочный 　기한부납입
вклад, целевой 　특별납입
вкладчик 　납입자 투자자
владелец 　소유자, 소지인
владелец аккредитива 　신용장소지인
владелец акции 　주주
владелец груза 　하주
владелец патента 　특허권자
владелец предприятия 　기업주
владелец судна 　선주
владелец счёта 　예금주
владелец ценных бумаг 　유가증권소유자
вложение средств в совместные предприятия 　합작회사자본투자
вложения, капитальные 　자본투자
внедрение научно-технических достижений в промышленность
　　　　　　　　　　　　　　산업의 과학기술발전심화

возврат 　반송, 환급
возврат вклада 　납입환급

возврат груза 화물반송
возврат долга 부채상환
возврат займа 대부상환
возврат кредита 대출상환
возврат ошибочно переплаченной суммы 초과지급금환입
возврат ссуды 대부상환
возврат суммы 금액환급
возврат суммы налога 세금환급
возврат товара 상품반송
возмещение 보상, 변상
возмещение за поломку 파손변상
возмещение затрат 비용보상
возмещение кредита 신용보상
возмещение потери 손실보상
возмещение расходов 비용보상
возмещение, страховое 보험보상
возмещение суммы 가격보상
возмещение убытков 손실보상
возмещение ущерба 손해보상
вознаграждение 보상금, 사례금
вознаграждение, агентское 대리수수료
вознаграждение, брокерское 중개수수료
вознаграждение, денежное 금전보상
вознаграждение, единовременное 일시보상
вознаграждение, комиссионное 수수료
вознаграждение, лицензионное 라이센스수수료, 로열티
вознаграждение, материальное 물질보상
вознаграждение натурой 현물보상
вознаграждение, премиальное 상여금
возобновление кредита 신용갱신

возобновление переговоров 협상재개
война, валютная 통화전쟁
война, валютно-финансовая 통화금융전쟁
война, таможенная 관세전쟁
война, торговая 무역전쟁
война цен 가격전쟁
война, экономическая 경제전쟁
воспроизводство 재생산
время вступления в силу 효력발생일
время действия лицензии 허가유효기간
время на погрузки 선적시간
время прибытия 도착시간
время простоя 대기시간, 정선시간
время, сталийное 계약으로 정한 정선시간
вступление в должность (직위, 직책으로의) 취임
вступление в силу 효력발생
выбор по ассортименту 품종별선택
вывоз 수출, 반출
вывоз, беспошлинный 무관세수출
вывоз имущества из РФ, обратный 러시아연방으로부터의 자산 재반출
вывоз по бросовым ценам 덤핑수출
вывоз товара 상품수출
выгода 이익, 수익
выгода, взаимная 상호이익
выгода, упущенная 상실이익
выгода, финансовая 금융수익
выгрузка 하역, 양륙
выгрузка, бесплатная 무상하역
выгрузка за счёт фрахтователя 하주비용부담하역
выдача 교부, 발급

выдача аванса   선급금지급
выдача визы   사증발급
выдача груза   화물인도
выдача заказа   오퍼발행
выдача кредита   융자교부
выдача лицензии   (수출입)허가서발급
выдача патента   특허증발급
выдача против акцепта   인수부공급
выдача против платежа   지급부공급
выделение ассигнований   지출액할당
выкладка товара   상품진열
выписка из протокола   의정서요약
выплата   지급, 지불
выплата авансом   선급금지급
выплата, гарантийная   보증지급
выплата денежного возмещения   금전보상지급
выплата дивидендов   이익배당금지급
выплата по контракту   계약지급
выплата по кредитам   신용지급
выплата прибыли   이익지급
выплата процентов   이자지급
выполнение договорных обязательств   계약의무이행
выполнение плана   계획실행
выпуск   발행 생산 출하
выпуск акции   주식발행
выпуск банкнот   은행권발행
выпуск в продажу   판매출하
выпуск займа   채권발행
выпуск продукции   제품생산
выпуск товара на рынок   상품출시

выручка 매상고
выручка, валовая 총매상고
выручка, валютная 외화매상고
выручка в рублях 루블매상고
выручка нетто 순매상고
выручка от продажи 판매매상고
выручка от реализации товаров и услуг 용역제공 및 제품판매 매상고
выставка 박람회, 전시회
выставка, международная 국제박람회
выставка, национальная 국립박람회
выставки отдельных фирм и организаций 기업박람회
выставка, отраслевая 부문박람회
выставка, промышленная 산업박람회
выставка, сельскохозяйственная 농업박람회
выставка, совместная 공동박람회
выставка, специализированная 전문박람회
выставка, торгово-промышленная 무역-산업박람회
выставка-продажа 판매박람회
выставка-симпозиум 심포지움박람회
выставка-ярмарка 전시판매박람회
выход на внешний рынок 해외시장진출
вычет 공제, 차감
вычеты из прибыли 이윤으로부터 공제
вычеты, налоговые 세금공제
вялость рынка 시장침체

габарит   적재적량
гавань   항구, 항만
гавань, налоговая   과세항구
гарант   보증인
гарантия   보증
гарантия, банковская   은행보증
гарантия, безотзывная   취소불능보증
гарантия, безусловная   무조건보증
гарантия, вывозная   수출보증
гарантии, договорные   계약보증
гарантия изготовителя   생산자보증
гарантия иностранного банка   외국은행보증
гарантия продавца   판매자보증
гарантия страховой компании   보험회사보증
гарантия учредителей совместного предприятия   합작회사설립인보증
гарантия фирмы   기업보증
год, балансовый   회계연도
год, бюджетный   예산연도
год, календарный   역년
год, отчётный   결산연도
год, текущий   당해연도
год, финансовый   재무연도
гонорар   보수, 사례금
Госбанк РФ   러시아연방 국립은행
госнадзор за стандартами   국가표준검사
ГОСТ (государственный стандарт)   국가표준

государство-член	회원국가
готовность оборудования к пуску в эксплуатацию	설비가동준비
готовность судна к выгрузке	양륙을 위한 선박준비
готовность товара к отгрузке	상품선적준비
готовность товара к приёмке	상품인수준비
граница РФ, государственная	러시아연방 국경선
график	일정, 계획
график, календарный	일정표, 계획서
график отгрузок	선적일정
график платежей	지급일정
график поставок	공급일정
график работ	업무일정, 작업계획
груз	화물
груз, адресованный	수신인기명화물
груз без упаковки	비포장화물
груз, беспошлинный	무관세화물, 면세화물
груз, бестарный	벌크화물, 비포장화물
груз в аггрегированном состоянии	종합화물
груз в кипах	묶음화물
груз в коробках	종이박스포장화물
груз в мешках	주머니(자루)포장화물
груз в обрешётке	포장화물
груз, выброшенный за борт	투화 (긴급상황시 중량을 줄이기위해 배, 항공기 등에서 투기하는 화물)
груз, выставочный	박람회상품
груз, габаритный	적재적량화물
груз, генеральный	일반화물
груз, годный к транспортировке	운송가능화물
груз, длинномерный	길이가 긴 화물
груз, застрахованный	부보화물

груз, импортный   수입화물

груз, контейнерный   컨테이너화물

груз, контрактный   계약화물

груз, навалочный   벌크화물, 비포장화물

груз, наливной   액상화물

груз на паллетах   팔레트적재화물

груз, насыпной   벌크화물, 비포장화물

груз, негабаритный   용적초과화물

груз, незастрахованный   비부보화물

груз, незатаренный   비포장화물

груз, незаявленный   미신고화물

груз, не облагаемый пошлиной   무관세화물

груз, не оплаченный пошлиной   보세화물

груз, не упакованный   비포장화물, 벌크화물

груз, однородный   동종화물, 단일화물

груз, опасный   위험화물

груз, опционный   옵션화물

груз, пакетированный   포장화물

груз, палубный   갑판적재화물

груз, парцельный   분할화물

груз, повреждённый во время хранения   보관중파손화물

груз, повреждённый в пути   운송중파손화물

груз, рефрижераторный   냉동화물

груз россыпью   벌크화물, 비포장화물

груз, сборный   종합화물

груз, складской   창고화물

груз, скоропортящийся   부패성화물

груз, смешанный   혼합화물

груз, торговый   교역화물

груз, транзитный   통과화물

груз, упакованный 　포장화물
груз, ценый 　고가화물
груз, штабелированный 　적재화물
груз, штучный 　낱개화물
груз, экспортный 　수출화물
грузовладелец 　하주
грузооборот 　화물유통
грузоотправитель 　송하인, 화물발송인
грузоперевозки 　화물운송
грузоподъёмность 　화물기중기용량
грузополучатель 　수하인, 화물수취인
грузопоток 　물류
грузоприёмщик 　수하인, 화물수취인
группа, рабочая 　실무팀
группа, целевая рабочая 　특정업무팀

давность, исковая 공소시효
дата 날짜, 시기
дебет 차변, 부채
дебет счёта 계정부채
дебет-нота 채권
дебитор 채무자
девальвация 평가절하
девизы 외국환
дедвейт 하중톤수
декларант 통관사
декларация 신고(서)
декларация, валютная 외환신고
декларация грузоотправителя 송하인신고
декларация капитана 선장신고
декларация, налоговая 세금신고
декларация, таможенная 세관신고
декларация, экспортная 수출신고
делькредере 매입처지급보증
демерредж 체선료
демпинг 덤핑
демпинг, валютный 통화덤핑
демпинг, товарный 상품덤핑
день, календарный 역일
дни льготные 유예일
день платежа 결제일, 지급일
дни, сталийные 연체일

деньги   금전, 돈
деньги, бумажные   지폐
деньги, контрсталийные   체선료
деньги, наличные   현금
деньги, отступные   해약금
деньги, подъёмные   상승비용
депо   저장소, 보관소, 창고
депозит   예금, 기탁금, 공탁금
депозит, банковский   은행예금
депозит, гарантийный   보증금
депозит до востребования   요구불예금
депозит, срочный   정기예금
депозитарий   수탁자, 보관자
депонент   예금자, 기탁자
депонирование   예금, 기탁
депорт   인수유예금
дефект   결함, 손상
дефект, незначительный   중요하지 않은 결함
дефект, скрытый   눈에 보이지 않는 결함
дефект, существенный   중요한 결함
дефект, явный   눈에 보이는 결함
дефицит   결손, 적자, 부족
дефицит валюты   외환적자
дефицит, внешнеторговый   대외무역적자
дефицит платёжного баланса   지불계정적자
дефицит рабочей силы   노동력결손
дефицит текущего счёта   당좌계정적자
дефицит торгового баланса   무역수지적자
дефицит, финансовый   금융적자
дефляция   통화수축

деятельность, внешнеторговая　대외무역활동
деятельность, внешнеэкономическая　대외경제활동
деятельность, коммерческая　상업활동
деятельность, хозяйственная　경영활동
диверсификация　다각화, 다변화
диверсификация торговли　무역다변화
диверсификация экономики　경제다변화
диверсификация экспорта　수출다변화
дивиденд　이익배당금
дилер　딜러
дилер, биржевой　외환딜러
димайз-чартер　양도증서
динамика цен　가격변동
директор　이사(理事)
директор, генеральный　대표이사
директор, коммерческий　영업이사
директор, финансовый　재무이사
дирекция　임원단
дисконт　어음할인료
дисконт, банковский　은행어음할인
дисконт векселей　어음할인료
дисконтирование векселей　어음할인
диспач　해손청산
диспаша　해손조서
диспаша по общей аварии　전손조서
диспашёр　해손조서작성자
доверенность　위임(장)
доверенность на имя ...　...명의위임장
доверенность на получение ...　...수령위임장
доверитель　위임자, 대리인

договор 계약(서), 협정(서)
договор, агентский 대리점계약
договор аренды 임대차계약
договор, двусторонний 양자계약
договор, долгосрочный 장기계약
договор консигнации 위탁판매계약
договор, кредитный 신용계약
договор купли-продажи 매매계약
договор, лицензионный 라이센스계약
договор, межгосударственный 국가간협정
договор, международный 국제협정
договор, межправительственный 정부간협정
договор, многосторонний 다자계약
договор морского страхования 해상보험계약
договор морской перевозки 해상운송계약
договор о найме 고용계약
договор о передаче 운송계약
договор о переуступке прав 권리양도계약
договор о производственной кооперации 생산협력계약
договор о сотрудничестве 협력계약
договор о специализации и кооперировании производства
　　　　　　　　　　　　전문화 및 생산협력에 관한 계약
договор о торговле 무역계약
договор о фрахтовании судна 용선계약
договор о фрахтовании судна без экипажа 나용선계약
договор подряда 도급계약
договор страховании 보험계약
договор, типовой 표준계약
договор, торговый 무역계약
договорённость 합의

док	도크
документ	서류, 문서
документы, бухгалтерские	회계서류
документы, грузовые	화물서류
документы, нормативно-правовые	표준공증서류
документы, нормативно-технические	표준기술서류
документ, оборотный	유통서류
документ, охранный	보관문서
документы, перевозочные	운송서류
документы, платёжные	대금지불서류
документы, погрузочные	선적서류
документы, правовые	공증서류
документы против акцепта	인수도서류
документы, расчётные	결제서류
документы, складские	창고서류
документы, сопроводительные	부속서류
документы, страховые	보험서류
документы, таможенные	세관서류
документы, товарораспорядительные	상품관리서류
документы, учредительные	설립서류
документация	문서작성, 서류증명, 증서교부
документация, входная и выходная	입출증명발급
документация, заявочная	신청서류작성
документация, нормативно-техническая	표준기술증명발급
документация, платёжная	대금지불증명발급
документация, проектная	설계문서작성
документация, проектно-сметная	예산견적서류작성
документация, расчётная	결산서작성
документация, сертификационная	명세서작성
документация, сметная	견적서작성

документация, тендерная 입찰서류작성
документация, техническая 기술증명서류작성
документация, транспортная 운송서류작성
долг 부채
долг, безвозвратный 비상환부채
долг, безнадёжный 대손, 불량대부
долг, непогашенный 미상환부채
долг, обеспеченный 담보부채
долг, основной 원부채
долг, погашенный 상환부채
долг, просроченный 기한경과부채
должник 채무자
доля 몫, 배당, 지분
доля в акционерной компании 주식회사지분
доля в капитале 자본지분
доля прибыли 이익지분
доля участия 참여지분
дом, торговый 무역관
доплата 추가지불
дополнение к контракту 계약추가사항
дополнение к протоколу 의정서추가사항
допоставка 부족분의 추가공급
досмотр 검사
досмотр багажа 수하물검사
досмотр груза 화물검사
досмотр, санитарно-карантинный 위생검역검사
досмотр, таможенный 세관검사
доставка груза 화물공급
дотация 보조금
доход 소득, 수입(收入)

доход, валовой 총소득
доход, валютный 외화소득
доход, годовой 연간소득
доход, государственный 정부수입
доход, денежный 금전소득
доход, национальный 국민소득
доход, номинальный 명목소득
доход, нормативный 표준소득
доход, облагаемый налогом 과세소득
доход от запродаж 판매소득
доход предприятия 기업소득
доход, процентный 이자소득
доход, реальный 실질소득
доход, рентный 임대소득
доход, фиксированный 고정소득
доход, хозрасчётный 독립채산소득
доход, чистый 순소득
дубликат 사본

Е

евровалюта 유럽통화
еврорынок 유럽시장
единица, валютная 통화단위
единица груза 화물단위
единица, денежная 금전단위
единица, метрическая 미터법단위
единица, расчётная 계산단위
единица стоимости 가격단위
единица товара 상품단위

жалоба   소송
жирант어음보증인
жират   어음보증양도인
жиро   배서, 이서, 양도
журнал   잡지, 간행물, 기록부
журнал, монтажный   복합간행물
журнал, отраслевой   무역간행물
журнал, регистрационный   등록간행물
журнал, судовой   해운간행물

3

забастовка 파업, 동맹파업
завод 공장
завод-изготовитель 제조공장, 생산공장
завод-поставщик 공급공장
загрязнение образцов 견본훼손
загрязнение окружающей среды 환경오염
загрязнение, радиоактивное 방사능오염
задаток 계약금, 착수금
задержание 지체, 지연
задержание груза 화물지체
задержание судна 체선
задержка 연체, 지체
задержка в отгрузке 선적지체
задержка в открытии аккредитива 신용장개설지체
задержка в поставке 공급지체
задержка в разгрузке 하역지체
задержка платежа 지불연체
задолженность 채무차입금
задолженность банку 은행차입금, 은행부채
задолженность, дебиторская 채무자부채
задолженность, кредиторская 채권자부채
задолженность, накопившаяся 누적부채
задолженность, необеспеченная 무담보부채
задолженность по кредиту 신용차입금, 신용부채
задолженность по ссудам 차입금, 부채
задолженность по счёту 연체금

задолженность предприятия	기업채무차입금, 기업부채
задолженность, просроченная	기한초과부채
заём	대부, 융자, 차관 채권
заём, банковский	은행대부
заём, беспроцентный	무이자대부
заём, валютный	통화채권
заём, государственный	국채
заём, денежный	현금대부
заём, долгосрочный	장기채권, 장기대부
заём, краткосрочный	단기채권, 단기대부
заём на льготных условиях	우대조건대부
заём, облигационный	채권대부
заём под залог	담보대부
заёмщик	채무자
заимствование	차용, 임차
заимодавец	채권자
заказ	주문, 발주
заказ, государственный	국가주문
заказ на товар	상품주문
заказ по образцу	견본주문
заказ, пробный	시험주문
заказ, разовый	일괄주문
заказ, твёрдый	확정주문
заказ, экспортный	수출주문
заказчик	주문자, 발주자
закладная	담보, 저당증서
закладная, складская	창고증서
закладная, таможенная	세관증서
заключение эксперта	감정소견서, 평가결가서
закон	법률

закон о банкротстве 파산법
законодательство РФ, гражданское 러시아연방 민법
закон о стимулировании экспорта 수출진흥촉진법
закупка 구매
закупки, встречные 대응구매
закупки, государственные 정부구매
закупки, массовые 대량구매
закупки, оптовые 도매구입
закупка, экстренная 특별구매
зал, выставочный 박람회장
зал, демонстрационный 전시장
залог 저당, 담보
заместитель директора 부이사
заместитель председателя 부위원장
замораживание цен 가격동결
запас 예비품, 저축, 비축
запасы, буферные 예비재고품
запасы, валютные 통화비축
запас готовой продукции 완제품재고
запас, золотой 금보유고
запас, наличный 현물재고, 유효공급량
запасы, плановые 계획재고
запасы, резервные 예비재고, 예비공급량
запасы, сверхплановые 계획초과재고
запасы, сезонные 계절예비품
запасы, товарно-материальные 상품자재재고
запасы, товарные 상품재고
запись, бухгалтерская 회계기록
запрещение 금지
запрещение ввоза 수입금지, 반입금지

запрещение вывоза　수출금지, 반출금지
запрещение на импорт　수입금지
запрещение на экспорт　수출금지
запрещение реэкспорта　재수출금지
запродажа　예약판매, 매각계약
запрос　수요, 문의, 조회
затаривание груза　화물포장
затоваривание　과잉생산
затраты　비용, 지출
затраты, аварийные　사고비용
затраты, денежные　금전지출
затраты капитала　자본지출, 자본투자
затраты, материальные　재화비용
затраты на воспроизводство　재생산비용
затраты на восстановление экологического равновесия　생태균형복구를 위한 비용
затраты на инфраструктуру　기반시설비용
затраты на развитие производства　생산발전비용
затраты по инженерному оборудованию территории　지역기술설비비용
затраты по строительству транспортных путей　도로건설비용
затраты, прямые　직접비용
затраты, скрытые　잠재비용
затраты, фактические　실제비용
зачёт　산입, 통산
защита　보호, 방어
защита, арбитражная　중재보호
защита, правовая　권리보호
защитник　보호자
заявитель　개설의뢰인
заявка　신청(서)

заявка на изобретение   발명신청서
заявка на кредит   대출신청서
заявка на перевозку грузов   화물운송신청서
заявка на получение ссуды   대부신청서
заявка на регистрацию товарного знака   상표등록신청서
заявка на участие в выставке   박람회참가신청서
заявка на участие в торгах   입찰참여신청서
заявление   신청(서)
заявление, исковое   고소장
заявление морского протеста   해상이의신청서
заявление на открытие счёта   계좌개설신청서
заявление об обратном вывозе   재반입신청서
заявление о выдаче разрешения   허가서발급신청서
заявление-обязательство   의무사항
знак   마크, 표시
знак, товарный 상표
знак, фабричный   제조표시
знак, фирменный   회사표시
зона   지역, 지대, 구역
зона, беспошлинная   면세구역
зона, валютная   통화지역
зона исключительного права   치외법권지역
зона неисключительного права   비치외법권지역
зона, пограничная   국경지역
зона преференциальных тарифов   특혜관세지역
зона, свободная таможенная   자유관세지역
зона, свободная экономическая   자유경제지역
зона свободной торговли   자유무역지대
зона совместного предпринимательства   합작기업지역
зона, экономическая   경제지대

И

извещение 통지, 통보
извещение, инкассовое 추심통지
извещение об отгрузке 선적통지
извещение об отправке 발송통지
извещение о готовности оборудования к испытаниям 설비시험준비완료통지
извещение о готовности судна к выгрузке 하역준비완료통지
извещение о готовности судна к погрузке 선적준비완료통지
извещение о готовности товара к погрузке 상품선적준비완료통지
извещение о предполагаемом подходе судна 선박입항예정통지
извещение о прибытии судна 선박도착통지
извещение по почте 우편통지
извещение по телексу 텔렉스통지
изготовитель 제조업자, 생산자
изделие 제품
изделия, взаимопоставляемые 상호공급제품
изделия, готовые 완제품
изделия, комплектующие 완전구비품
изделия, марочные 고급품
изделия массового производства 대량생산제품
изделие, патентоспособное 특허성제품
изделия, сопутствующие 동반제품
изделия, фабричные 공장제품
издержки 비용, 지출
издержки, аварийные 사고비용
издержки, косвенные 간접비용
издержки, материальные 자재비용

издержки по страхованию 보험비용
издержки по упаковке 포장비용
издержки производства 생산비용
издержки протеста 클레임비용
издержки, сметные 견적비용
издержки, судебные 소송비용
издержки, торговые 판매비용
издержки, транспортные 운송비용
излишки 여분, 초과분
излишки товаров 상품여분
изменение аккредитива 신용장변경
изменение ассортимента 분류변경
изменение к контракту 계약변경
изменение курса валют 환율변경
изменение условий 조건변경
износ 소모, 마멸
износ, естественный 자연소멸
износ, моральный 노후화
износ, физический 물리적소멸
износ, эксплуатационный 작동마멸
изобретение 발명
изъятие 사용정지
изъятие банкнот из обращения 은행권유통정지
изъятие депозитов из банка 은행예탁거래정지
изъятие контрабанды 밀수근절
импорт 수입
импортёр 수입자
импортёр, исключительный 독점수입자
импортёр продовольственных товаров 식료품수입자
импортёр промышленных товаров 공산품수입자

импортёр сырья	원자재수입자
имущество	자산, 재산
имущество, арендное	대여자산, 임대자산
имущество, временно ввезённое в РФ	러시아연방으로 임시 반입된 자산
имущество, временно вывезённое из РФ	러시아연방으로부터 임시 반출된 자산
имущество, выставочное	박람회자산
инвестирование валютных фондов	외환기금투자
инвестиция	투자
инвестиции, государственные	국가투자
инвестиции, зарубежные	해외투자
инвестиции, прямые	직접투자
инвестиции, совместные	합작투자
инвестиции, частные	개인투자
инвестор	투자자
индекс	색인, 목록, 지수
индекс оптовой цены	도매물가지수
индент	주문서
индоссамент	배서, 이서, 양도
индоссамент, безоборотный	비순환배서
индоссамент, бланковый	백지배서
индоссамент, дружеский	융통배서
индоссамент, именной	기명배서
индоссамент, ограниченный	제한배서
индоссамент, совместный	공동배서
индоссант	어음배서인
индоссатор	배서양수인
инжиниринг	엔지니어링
инкассация	추심
инкассация коммерческих документов	상업서류추심

инкассирование   추심
инкассо   추심
инкассо, документарное   서류추심
инкассо против документов   서류추심
инкассо с немедленной оплатой   즉시지급추심
инкассо с последующим акцептом   순차인수추심
инкассо с предварительным акцептом   사전인수추심
инкассо, телеграфное   전신추심
инспектирование   검사, 조사
инспектирование на заводе-изготовителе   공장-생산자 검사
инспектирование на месте   현장검사
инспектор   검사인, 조사인
инспектор, налоговый   세무조사인
инспектор, портовый   항만감사인
инспектор, страховой   보험조사인
инспектор, таможенный   세관검사인
инспекция   검수, 검사, 조사
инстанции, вышестоящие   상급법원
инструкция   훈령, 지시 교범
инструкции, ведомственные   관청훈령
инструкции, действующие   현행훈령
инструкции, заводские   공장훈령
инструкции по эксплуатации   사용설명서
инструкции, упаковочные   포장설명서
интеграция   집적
интеграция, экономическая   경제적집적
интервенция, банковская   은행지원
интересы, деловые   사업적관심
интересы, имущественные   자산적관심
интересы покупателей   구매자측관심

инфляция 통화팽창, 인플레이션
инфраструктура 사회기반시설
инфраструктура, организационная 조직사회기반시설
инфраструктура, производственная 생산사회기반시설
ипотека 저당권
иск 클레임, 소송
иск, вещный 물적소송
иск, встречный 대응소송
иск об убытках 손실청구소송
иск, патентный 특허소송
иск, судебный 법정소송
исполнение договора 계약이행
исполнение заказа 주문이행
исполнение, надлежащее 적정이행
исполнение, ненадлежащее 부적절이행
исполнение платежей 지불이행
исполнение, экспортное 수출이행
использование 이용
использование кредита, целевое 목적대출이용
испытание 시험, 테스트
испытания, аттестационные 사양시험
испытания в рабочих условиях 작동시험
испытания, гарантийные 보증시험
испытания, государственные 국가시험
испытания, заводские 공장시험
испытания, контрольные 검사시험
испытания, лабораторные 시험실시험
испытания, предварительные 예비시험
испытания, приёмочные 인수시험
испытания, пробные 검사시험

испытания, пусковые   가동시험
испытания, эксплуатационные   가동시험
истец   고소인, 원고
истец в суде   법정원고
исчисление налога   세금계산
итог   총계

каботаж 연안무역, 연안항해
каботаж, большой 대규모 연안항해
каботаж, малый 소규모 연안항해
калькуляция 계산
каналы сбыта 유통경로
каналы, торговые 무역경로
канцеллинг 취소, 해제
капитал 자본
капитал, акционерный 주식자본
капитал, заёмный 대부자본
капитал, инвестированный 투자자본
капитал, иностранный 외국자본
капитал, ликвидный 유동자본
капитал, оборотный 순환자본
капитал, основной 고정자본
капитал предприятия 기업자본
капитал, резервный 예비자본
капитал, собственный 개인자본
капитал, ссудный 대출자본
капитал, уставный 설립자본
капиталовложения 자본납입, 자본투자
карантин 검역소
карго 화물
картель 카르텔, 기업연합
карточка, визитная 명함
карточка, кредитная 신용카드

касса   출납, 경리, 계산
кассация   상고, 판결파기
кассация в арбитраж   중재상고
кассация судебного решения   법원판결파기
каталог   카탈로그, 목록
каталог аукциона   경매목록
каталог образцов товара   상품견본목록
каталог, фирменный   기업목록
КАФ   운임포함가격(Cost & Freight)
качество   품질
качество, коммерческое   상업품질
качество, надлежащее   적정품질
качество, ненадлежащее   불합격품질
качество, нормативное   표준품질
качество продукции   제품품질
качество, среднее справедливое   평균품질
качество, эксплуатационное   기능적품질
квалификация   자격증명 품질증명, 품질검증
квитанция   영수증, 수령증
квитанция в получении денег   금전수취영수증, 현금수령증
квитанция, грузовая   화물수령증
квитанция, депозитная   예금수취증
квитанция, железнодорожная   철도수령증
квитанция, почтовая   우편수령증
квитанция, складская   창고수령증
квитанция, товаросопроводительная   화물운송영수증
квота   할당, 쿼타
квота, импортная   수입쿼타
квота, налоговая   조세쿼타
квота, рыночная   시장쿼타

квота, тарифная　요율쿼타

квота, экспортная　수출쿼타

квотирование валюты　통화쿼타할당

классификация, Международная стандартная отраслевая　국제표준산업분류

классификация, Международная стандартная торговая　국제표준무역분류

классификация, патентная　특허분류

классификация товаров и услуг　상품 및 서어비스 분류

клиент　고객

клиент, иностранный　외국고객

клиринг　어음교환

клиринг, банковский　은행어음교환

клиринг, валютный　통화어음교환

клиринг, двусторонний　양자어음교환

клиринг, многосторонний　다자어음교환

клиринг, односторонний　일방어음교환

клиринг, принудительный　강제어음교환

клиринг-банк　어음교환은행

книга заказов　주문장

книга образцов　견본첩

книга, приходно-расходная　현금출납장

колебания, валютные　통화변동

колебания, конъюнктурные　경기변동

колебания, курсовые　환율변동

количество　수량

количество, выгруженное　하역수량

количество, погруженное　적재수량

командировка　출장

командировка, зарубежная　해외출장

командировка, служебная　업무출장

комиссар, аварийный　해손중개인

комиссионер 중개인, 대리점
комиссионные 중개료
комиссия 위원회(비상설); 수수료
комиссия, агентская 대리점수수료
комиссия, акцептная 인수수수료
комиссия, арбитражная 중재수수료
комиссия, аттестационная 증명수수료
комиссия, банковская 은행수수료
комиссия, брокерская 중개수수료
комиссия, внешнеторговая арбитражная 대외무역중재수수료
комиссия за обязательство 이행수수료, 책임보상수수료
комиссия за обязательство предоставить кредит 대출이행수수료
комиссия, инкассовая 추심수수료
комиссия, ликвидационная 청산수수료
комиссия ООН для Азии и Тихого Океана, Экономическая
 и социальная [ЭСКАТО] 아시아-태평양경제사회이사회 (ESCAP)
комиссия, оценочная 감정평가수수료
комиссия, ревизионная 감사수수료
комиссия, смешанная 복합수수료
комиссия, транспортно-экспедиторская 복합운송수수료
комиссия, экономическая 경제위원회
комиссия, экспертная 감정수수료
комитент 위탁자, 송하인
комитет 위원회(상설)
комитет, выставочный 박람회위원회
комитет Красного Креста, Международный [МККК]
 국제적십자위원회 (ICRC)
Комитет, Международный олимпийский [МОК] 국제올림픽연맹 (IOC)
комитет, организационный 조직위원회
комитет, ярмарочный 시장위원회

коммерсант   상인, 실업가
коммерциализация   상업화
компания   회사, 기업
компания, авиатранспортная   항공운송회사
компания, акционерная   주식회사
компания, дочерняя   자회사
компания, иностранная   외국인회사
компания, международная   다국적기업
компания, посылочная   발송회사
компания, рекламная   광고회사
компания, смешанная   합자기업
компания с неограниченной ответственностью   무한책임회사
компания совместная   합작회사
компания с ограниченной ответственностью   유한책임회사
компания, стивидорная   하역회사
компания, страховая   보험회사
компания, торговая   무역회사
компания, транспортная   운송회사
компания, транспортно-экспедиционная   복합운송회사
компания, холдинговая   지주회사
компания, частная   개인회사
компаньон   조합원, 파트너
компаньон, иностранный   외국인파트너
компенсация   배상, 보상
компенсация, денежная   금전보상
компенсация за ущерб   손실보상
компенсация потерь   손실보상
компенсация расходов   비용보상
компенсация, товарная   상품보상
компенсация убытков   손실보상

комплекс 단지, 복합체
комплекс, выставочный 박람회단지
комплекс, маркетинговый 복합마케팅
комплекс, научно-производственный 연구생산단지
комплекс предприятий 복합기업군
комплекс, промышленный 공업단지
комплекс работ 복합업무단지
комплекс услуг 복합서어비스
комплектация완비 공급범위
комплектация документов 서류완비
комплектность 완비도, 완전성
комплектность документации 서류완비도
комплектность оборудования 설비완비도
конвенция, международная 국제협약
конверсия 태환, 차환
конвертируемость валюты 화폐태환성
конкурент 경쟁자
конкурент лист (여러회사 상품의 가격, 제작조건 등의) 비교표
конкурент, торговый 무역경쟁자, 무역경쟁국
конкурентоспособность 경쟁력
конкурентоспособность, международная 국제경쟁력
конкурентоспособность по цене 가격경쟁력
конкурентоспособность товаров и услуг 상품 및 서비스경쟁력
конкуренция 경쟁
конкуренция, рыночная 시장경쟁
конкуренция, скрытая 비공개경쟁
конкуренция, ценовая 가격경쟁
коносамент 선하증권(B/L)
коносамент без права передачи 유통불능선하증권
коносамент, бортовой 선적선하증권

коносамент, ордерный 지시식선하증권
коносамент <принято на борт> 선적수취선하증권
коносамент, прямой 직접선화증권
коносамент, речной 하운선화증권
коносамент, сквозной 통과선하증권
коносамент, складской 창고수취선하증권
коносамент с оговорками 조건부선화증권
коносамент, транспортный 운송선화증권
коносамент, чистый 무사고선하증권
консалтинг 컨설팅, 경영자문
консигнант 송하인 판매위탁인
консигнатор 수하인 위탁판매인
консигнация 위탁판매
консорциум 컨소시엄, 조합체
консультант 컨설턴트
консультация 컨설팅
консультации, банковские 은행컨설팅
консультации, методические 경영컨설팅
консультации, организационные 조직컨설팅
контакты, двусторонние 쌍무교섭, 양자교섭
контакты, деловые 업무교섭
контанго 지불유예금, 이월일변
контейнер 컨테이너
контейнеризация 컨테이너화
контингентирование ввоза и вывоза товаров 수출입상품배당
контингенты, ввозные 수입배당
контокоррент 교호계산
контора, главная 주사무소, 본사
контора, головная 주사무소, 본사
контрабанда 밀반출입, 밀수출입

контрагент	계약당사자
контрагенты, зарубежные	해외계약당사자
контракт	계약(서)
контракт, аккордный	일괄계약
контракт, внешнеторговый	대외무역계약
контракт, генеральный	일반계약
контракт, долгосрочный	장기계약
контракт, краткосрочный	단기계약
контракт купли-продажи	매매계약
контракт на взаимные поставки	상호공급계약
контракт на компенсационных условиях	보상조건부계약
контракт на оказание услуг	용역계약, 서어비스계약
контракт на поставки продукции	상품공급계약
контракт на строительство под ключ	완성품인도방식계약, 일괄도급계약, turnkey base 계약
контракт фьючерсный	선물계약
контрактация	계약체결
контрассигнант	부서자(副署者), 연서자(連署者)
контрассигнация	부서(副署), 연서(連署)
контроль	심사, 검사
контроль, визовой	출입국심사, 사증심사
контроль, паспортный	여권심사
контроль, таможенный	세관심사
контроферта	대응오퍼
контрпредложение	대응오퍼
контрсталия	초과정박
Конференция ООН по торговли и развития [ЮНКТАД]	유엔무역개발협력기구 (UNCTAD)
конфискация	몰수, 차압
концерн	기업합동, 콘체른

концессионер　특허권소유자
концессия　　허가, 면허
конъюнктура　　경기
конъюнктура, мировая финансовая　　국제금융경기
конъюнктура рынка　　시장경기
конъюнктура спроса на мировых рынках　　국제시장수요경기
кооператив　　협동조합
кооператив, потребительский　　소비협동조합
кооператив, производственный　　생산협동조합
кооперация　　조합
кооперация, международная　　국제협력조합
кооперация, потребительская　　소비협동조합
кооперация, производственная　　생산협동조합
кооперация, прямая　　직접조합
копия　　복사 사본
копия, заверенная　　공증사본
корзина валют　　통화바스켓
корзина, вторая　　이차바스켓
корзина СДР　　특별인출권(SDR)바스켓
корпорация　　법인, 협회
корпорация, Международная финансовая [МФК]　　국제금융공사 (IFC)
корреспонденция　　우편물, 통신물
котировка　　시가, 상장
котировка акции　　주식시세
котировка, биржевая　　거래시세
котировка, валютная　　통화시세
котировка, попозиционная　　항목시세
котировка, предварительная　　예비시세
котировка при закрытии биржи　　폐장시세
котировка при открытии биржи　　개장시세

котировка, рыночная	시장시세
коэффициент, валютный	환율
коэффициент, дисконтированная	할인율
кредит	신용, 신용대부, 융자
кредит, автоматически возобновляемый	자동연장대부
кредит, акцептно-рамбурсный	변제대부
кредит, акцептный	인수대부
кредит, банковский	은행대부
кредит без обеспечения	무보증대부
кредит, беспроцентный	무이자대부
кредит, валютный	통화대부
кредит, государственный	국가융자
кредит, долгосрочный	장기융자
кредит, коммерческий	상업융자
кредит, компенсационный	보상융자
кредит, краткосрочный	단기융자
кредит, льготный	우대융자
кредит на капитальные вложения	자본납입융자
кредит на льготных условиях	우대조건대부
кредит, обеспеченный	보증대부
кредит, онкольный	콜융자
кредит, открытый	개방융자
кредит под гарантию банка	은행보증융자
кредит под залог	담보융자
кредит, подтоварный	상품융자
кредит, разовый	일괄융자
кредит, револьверный	회전융자
кредит, свинговый	스윙융자
кредит, среднесрочный	중기융자
кредит, стеснённый	긴축융자

кредит, товарный 상품담보융자
кредит, торговый 무역융자
кредит, фирменный 기업융자
кредит, экспортный 수출융자
кредит счёта 계좌대부
кредит-нота 대변전표
кредитование 대출, 융자
кредитование, валютное 외화대출
кредитование, взаимное 상호대출
кредитование внешнеторговых операций 대외무역지원융자
кредитование, возвратное 상환융자
кредитование, долгосрочное 장기대출
кредитование, краткосрочное 단기대출
кредитование под товары, находящиеся в портах 항만야적물품담보대출
кредитование под товары, находящиеся в пути 운송물품담보대출
кредитование под товары, находящиеся на складах 재고물품담보대출
кредитование, прямое 직접대출
кредитование, рублёвое 루블화대출
кредитование, среднесрочное 중기대출
кредитование, целевое 목적대출
кредитование экспортных операций 수출금융대출
кредитор 채권자
кредитоспособность 신용능력, 지불능력
кризис, валютный 통화위기
кризис, денежный 화폐위기
кризис, экономический 경제위기
кроссирование чека 수표횡선
круги, деловые 실업계
круги, финансовые 금융계
купюра 액면가격

курс   비율, 환율, 시세가격
курс акций   주식시세
курс, биржевой   거래시세
курс, валютный   통화율
курс дня   당일시세
курс, единый   단일율
курс, заключительный   마감시세
курс, колеблющийся   변동율
курс, льготный   우대율
курс, обменный   교환율
курс, паритетный   등가율
курс перевода   송금률
курс, плавающий   변동환율
курс покупателей   매입율
курс почтовых переводов   우편송금율
курс при открытии биржи   개장시세
курс продавцов   매도율
курс, расчётный   결제율
курс, рыночный   시장시세
курс, справочный   고시율, 기준율
курс, твёрдый   고정율, 고정환율
курс телеграфных переводов   전신환송금율
курс ценных бумаг   유가증권시세
курс, чековый   수표율
курс, эмиссионный   발행율
куртаж   중개수수료

Л

лаж   프레미엄
лейдейс   선적기간, 양륙기간, 정박일
либерализация   자유화
либерализация внешнеэкономических связей   대외경제관계자유화
либерализация импорта   수입자유화
либерализация торговли   무역자유화
либор   런던은행간거래금리 (LIBOR)
лизинг   리스
ликвидация   청산
ликвидация контракта   계약청산
ликвидация предприятия   기업청산
ликвидация сделок   거래청산
ликвидность   유통성, 현금화가능성
ликвидность активов   자산현금화가능성
ликвидность, валютная   통화유통성
лимит   제한, 한계
лимит капитальных вложений   투자한도
лимит кредитования   신용한도
лимит ответственности   책임한계
лимит расходов   비용한계
лимит скольжения   점증한계
лимит страхования   보험한도
лимит финансирования   금융한도
линия воздушного транспорта   항공운송로
линия, железнодорожная   철로
линия, конференциальная   협의항로

линия, судоходная	항해로
линия, трамповая	부정기항로
линия, транспортная	운송로
лист, закладной	담보증서
лист, калькуляционный	비용계산서
лист, расчётный	결제증
лист, тальманский	검수장
лист, упаковочный	포장서
лицензиар	허가발급인
лицензиат	허가취득인
лицензирование	허가발급
лицензирование, взаимное	상호허가
лицензирование, договорное	약정허가
лицензирование, пакетное	일괄허가
лицензирование, перекрёстное	교차허가
лицензия	수출입허가(증), 인가, 라이센스
лицензия без права передачи	양도불능허가
лицензия, генеральная	일반허가
лицензия, договорная	약정허가
лицензия, импортная	수입허가, 수입승인
лицензия, индивидуальная	개인허가
лицензия, исключительная	특례허가
лицензии на изделия и технологию	제품 및 기술에 대한 허가
лицензия, неисключительная	비특례허가
лицензия, общая	일괄허가
лицензия, ограниченная	제한허가
лицензия, патентная	특허허가
лицензия, перекрёстная	교차허가
лицензия, простая	단순허가
лицензия, таможенная	세관허가

лицензия, экспортная	수출허가, 수출승인
лицо, доверенное	위임대리인
лицо, должностное	담당자
лицо, уполномоченное	전권대리인
лицо, юридическое	법인
лот	롯(lot)
лумпсум	일괄
лумпсум-фрахт	일괄선임
лумпсум-чартер	일괄용선
льгота	우대, 특혜
льготы, налоговые	조세우대
льготы по новизне	신상품우대
льготы, преференциальные	특혜우대
льготы, таможенные	관세우대
льготы, тарифные	요율우대
льготы, фрахтовые	선임우대
льготы, финансовые	금융우대
лэндинг	양륙, 착륙
люди, деловые	사업가, 비즈니스맨

М

маклер 중개인
маклер, биржевой 주식중개인
маклер, вексельный 어음중개인
маклер, страховой 보험중개인
манифест 신고서
манифест, грузовой 화물신고서
манифест, судовой 화물신고서
маржа 판매수익, 마진
марка 마크, 상표
маркетинг 시장조사, 마케팅
маркировка 마크표시
маркировка, грузовая 화인표시
маркировка, транспортная 운송마크표시
маркировка, экспотная 수출마크표시
маршрут 경로, 노선
маршрут перевозки 운송경로, 운송노선
маршрут, сквозной 통과노선
маршрут следования 운행경로
материал 물자, 재료
материалоёмкость 자재소요량
менеджер 관리인, 경영인, 매니저
менеджмент 관리, 경영
меропиятия 조치, 방안
меропиятия, выставочные 박람회기획
меропиятия, инвестиционные 투자방안
меропиятия, коммерческие 상업이벤트

место производства товара   상품생산지
место происхождения товара   상품원산지
местонахождение предприятия   기업소재지
металлоёмкость   금속소요량
министерство부, 성
Министерство внешних экономических связей РФ   러시아연방대외경제관계부
Министерство путей сообщения РФ   러시아연방 철도부
Министерство финансов РФ   러시아연방 재무부
Министерство юстиции РФ   러시아연방 법무부
министр   장관
модернизация производства생산현대화
модификация   수정, 변형
монета   주화, 동전
монополия   독점
монополия внешней торговли   대외무역독점
монополия, государственная   국가독점
монополия, международная   국제독점
монтаж   설비, 수리
мораторий   지급정지, 지급유예

Н

навалом　포장하지 않은 상태의 적재
надбавка　추가, 할증, 상여금
надбавка за повышенное качество　품질향상상여금
надбавка за риск　위험수당
надбавка за тропическое исполнение　열대성기후조건추가요금
надбавка за экспортное исполнение　수출이행추가요금
надбавка к ставкам таможенных пошлин　관세율추가요금
надбавка к цене　가격프레미엄
надбавка, премиальная　상여금, 보너스
надбавка, сезонная　계절프레미엄
надзор　감독, 관리
надзор, государственный　국가감독
наём　고용 임대
наём рабочей силы　노동력고용
наём судна　용선
назначение　지정, 임명
назначение, целевое　목적
наименование　명칭, 품명
наименование отправителя　송하인명
наименование получателя　수하인명
наименование товара　상품명
наименование, фирменное　기업명
накладная　송장
накладная, авиагрузовая　항공화물송장
накладная, автодорожная　육상화물송장

부록 301

накладная, грузовая　화물송장
накладная, железнодорожная　철도화물송장
накладная, речная　하운송장
накладная, сквозная　통과화물송장
наливом　탱크적재상태
наличность　현금, 현재고
наличность, денежная　현금
наличность, кассовая　현금보유고
наличность, резервная　예비현금고
наличность, товарная　제품보유고
наличные　현금
налог　세금
налог, адвалорный　종가세
налог, государственный　국세
налог, денежный　통화세
налог, дополнительный　추징세
налог, импортный　수입세
налог, косвенный　간접세
налог, местный　지방세
налог на добавленную стоимость　부가가치세
налог на капитал　자산세
налог на покупку　매입세
налог на прибыль　이윤세
налог на сверхприбыль　초과이윤세
налог, натуральный　현물세
налог, подоходный　소득세
налог, прямой　직접세
налог с дохода　소득세
налог с нетоварных операций　상품유통을 수반하지 않는 세금
налог с оборота　판매세

налог, таможенный   관세
налог, экспортный   수출세
налогообложение   세금부과, 과세
налогоплательщик   납세자
насыпью   포장하지 않은상태, 벌크
насыщение   포화상태
насыщение рынка   시장포화
насыщение спроса   수요포화
наценка   가격인상
наценка, розничная   소매가격인상
наценка, товарная   상품가격인상
наценка, торговая   거래가격인상
наценка, транспортная   운송가격인상
начисление процентов   이자계산
неакцепт   미인수
недействительность документов   서류유효기간경과
недоимка   체납금, 미납금
недопоставка   공급수량부족
недоставка груза   화물미공급
недостача   부족, 미달
недостача в весе   중량부족, 중량미달
недостача в поставке   공급부족
недостача груза   화물수량부족
недостача товара   상품수량부족
неисполнение   미이행
неисполнение контракта   계약미이행
неликвиды   즉시매각처분이 불가능한 자산
неплатёж   미지급
неплатёжеспособность   지급불능, 파산
несостоятельность   파산

нетто　순(純), 네트(net)
нетто-процент　순이율
неуплата　미지불, 미납
неуплата в срок　정해진 시한내미지불
неуплата задолженности по кредиту　신용채무미지불
неуплата налогов　세금미납
неустойка　위약금, 해약금
неустойка, договорная　계약해지금
неустойка, штрафная　위약금, 해약금
новация договора　계약재이행
новизна изобретения　발명신상품
новизна, патентоспособная　특허신상품
ножницы цен　협상가격차
номенклатура　전문용어
номенклатура, единая　단일전문용어
номенклатура, закреплённая　고정전문용어
номенклатура продукции　제품전문용어
номенклатура товаров　상품전문용어
номенклатура услуг　서어비스전문용어
номенклатура экспортно-импортных поставок　수출입공급전문용어
номинал　정가, 액면가격
норма　규범, 기준, 표준
норма выгрузки　하역기준
норма грузовых работ　화물작업기준
норма обязательных резервов　의무예비비기준
норма погрузки　적재기준
норма прибыли　수익기준
норма, прогрессивные　최신개정기준
норма процента　이율기준
норма разгрузки　하역기준

нормы российского законодательства   러시아법률기준
норматив   경제지수, 기준, 표준
нормативы валютных отчислений   통화할당기준
нормативы, заводские   공장규범
нормативы, местные   지역규범
нормативы, отраслевые   지사규범
нормативы, прогрессивные   개정규범
нормативы, промышленные   산업기준
нормативы рентабельности   채산성기준
нормативы, технико-экономические   기술경제기준
нормативы, типовые   표준규범
нормативы, экономические   경제표준규범
нормирование ввоза и вывоза   수출입규범
нотис   통지, 통보
нотис капитана   선장지시서
нотис о готовности судна к выгрузке   하역통지서
нотис о готовности судна к погрузке   선적통지서
нотис о готовности товара к отгрузке   화물발송통지서
нотис о предполагаемом подходе судна   선박입항예정통보
нотификация   신고(서), 통보(서)
ноу-хау   노하우

обеспечение   보증, 보장, 담보(물)
обеспечение, валютное   통화보증
обеспечение в виде банковской гарантии   은행보증식보증
обеспечение в виде векселей   어음식보증
обеспечение в виде облигаций   채권식보증
обеспечение воспроизводства   재생산보증
обеспечение, двойное   이중보증
обеспечение, денежное   현금보증
обеспечение долга   부채보증
обеспечение займа   채무보증
обеспечение кредита   신용보증
обеспечение, материальное   물적보증
обеспечение, патентное   특허보증
обеспечение ссуды   대출보증
обеспечение, страховое   보험보증
обеспечение, финансовое   재무보증
обеспечение денег   금전보증
облигация   채권
облигации, именные   기명채권
облигации, процентные   이자지급채권
обложение налогом   세금부과
обложение пошлиной   세금부과
обложение, таможенное   관세부과
обложение штрафом   벌과금부과
обмен   교환
обмен, бартерный   물물교환

обмен валюты   화폐교환, 환전
обмен взаимодополняющей продукцией   상호필요물품교환
обмен, внешнеторговый   대외무역거래
обмен лицензиями   라이센스교환
обмен на коммерческой основе   상업목적교환
обмен, неэквивалентный   비동일가치교환
обмен, приграничный   국경무역
обмен, прямой   직접교환
обмен технологией   기술교환
обмен, товарный   상품교환
оборот внешней торговли   대외무역유통
оборудование   설비, 장비
оборудование, выставочное   박람회설비
оборудование, закупленное в счёт кредита   신용구매설비
оборудование, импортное   수입장비
оборудование, комплектное   종합설비
оборудование, комплектующее   일괄설비
обоснование, технико-экономическое   기술경제타당성조사보고서
образец   견본, 샘플
образец, авторский   증정본
образец, арбитражный   중재판례
образец, бесплатный   무상견본
образец в натуральную величину   실물크기견본
образец, выставочный   박람회견본
образец, запатентованный   특허품견본
образец, испытательный   시험견본
образец, ознакомительный   소개견본
образец, опытный   시험견본
образец подписи   서명견본
образец, промышленный   산업견본

образец, серийный 연속견본
обратимость валюты 통화태환성
обслуживание 서어비스
обслуживание, агентское 대리점서어비스
обслуживание, брокерское 중개서어비스
обслуживание, гарантийное 보증서어비스
обслуживание, информационное 정보서어비스
обслуживание, кассовое 현금서어비스
обслуживание, кредитно-расчётное 대출결제서어비스
обслуживание, лизинговое 리스서어비스, 임대서어비스
обслуживание, медицинское 의료서어비스
обслуживание, перевозок 운송서어비스
обслуживание, погрузочно-разгрузочное 선적하역서어비스
обслуживание, послепродажное 판매후서어비스, 애프터서어비스
обслуживание, предпродажное 판매전서어비스
обслуживание, профилактическое 정기점검서어비스
обслуживание, расчётное 결산서어비스
обслуживание, сервисное 서어비스
обслуживание, транпортное 수송서어비스
обслуживание, транпортно-экспедиторское 복합운송서어비스, 포워딩
обслуживание, туристское 관광서어비스
обслуживание экспортируемой техники 기술수출서어비스
общество, акционерное 주식회사
общество, смешанное 합자회사
объединение 연맹, 통합, 연합
объединение, внешнеторговое 대외무역연맹
объединение, международное 국제연맹
объединение предпринимателей 기업연맹
объединение, производственное 생산연맹
объединение, промышленное 산업연맹

объединение, совместное   공동연맹
объединение, хозрасчётное   독립채산연맹
объём   용량
объём взаимных поставок   상호공급량
объём выручки от реализации продукции   총상품판매량
объём заказа   주문량
объём закупок   매입량
объём запродаж   판매량
объём партии   화물량
объём перевозок   운송량
объём поставки   공급량
объём производства   생산량
объём услуг   서어비스범위
объём экспортно-импортных поставок по кооперации   조합식수출입물량
объявление прибыли   이윤신고
объявление, рекламное   광고홍보
обыкновение, торговое   무역관례
обычаи, международные   국제관례
обычаи, портовые   항만관례
обычаи, торговые   무역관례
обязанность   의무
обязанности сторон   쌍방의무
обязательство   책임, 의무 약정,계약 채권, 증권
обязательства, взаимные   상호의무
обязательство, гарантийное   보증의무
обязательства, денежные   부채
обязательства, договорные   약정의무
обязательства, долговые 부채의무
обязательства, долгосрочные   장기의무
обязательства, контрактные   계약의무

부록 309

обязательства, краткосрочные 단기의무
обязательства, международные 국제의무
обязательство об обратном ввозе имущества из РФ
  러시아연방으로부터의 자산재반입 의무
обязательство об обратном вывозе имущества из РФ
  러시아연방으로부터의 자산재반출 의무
обязательства, платёжные 지급의무
обязательства по поставкам 공급의무
овердрафт 초과인출
овердрафт, непокрытый 무담보초과인출
овердрафт ностро 노스트로초과인출
оговорка 약관, 주석
оговорка, арбитражная 중재약관
оговорка, безоборотная 비반송에 관한 약관
оговорка, бункерная 벙커용기사용에 관한 약관
оговорка, валютная 통화약관
оговорка, мультивалютная 복합통화에 관한 약관
оговорка о всех рисках 전손약관
оговорка о забастовках 파업에 관한 약관
оговорка о наибольшем благоприятствование 최혜국대우 약관
оговорка о падении цен 가격하락에 관한 약관
оговорка о повышении цен 가격상승에 관한 약관
оговорка о скользящей 신축가격에 관한 약관
оговорка о суброгации 대위변제에 관한 약관
оговорка о форс-мажоре 불가항력에 관한 약관
ограничения 제한
ограничения, валютные 통화제한
ограничения, импортные 수입제한
ограничения, нетарифные 비관세제한
ограничение размера прибыли 이윤범위제한

ограничения, тарифные 관세제한
ограничения, торговые 무역제한
ограничения, экспортные 수출제한
одобрение 승인, 인가, 동의
ожидание причала 정박대기
окупаемость 비용회수성
окупаемость вклада в уставный фонд 정관납입기금회수성
окупаемость капитальных вложений 투자자본회수성
оперативность 능률성, 효율성
операция 활동, 업무
операции, банковские 은행업무
операции, биржевые 거래소업무
операции, валютные 통화업무
операции, внедренческие 정착화
операции, внешнеторговые 대외무역활동
операции, внещнеэкономические 대외경제활동
операции, денежные 통화운영
операции, импортные 수입활동
операции, кассовые 출납업무
операции, коммерческие 상업활동
операции, кредитно-расчётные 신용결제업무
операции, кредитные 신용업무
операции, лизинговые 리스업무
операции, неторговые 비상업활동
операции, погрузочно-разгрузочные 선적하역작업
операции по кооперативным поставкам 조합공급업무
операции, посреднические 중개업무
операции по хеджированию 연계매매업무
операции, расчётные 결제업무
операции, сбытовые 판매업무

операции, товарные   상품업무
операции, товарообменные   물품교환업무
операции, торговые   거래활동
операции, транспортно-экспедиторские   포워딩업무
операции, транспортные   수송업무
операции, финансовые   금융업무
операции, экспортно-импортные   수출입활동
оплата   지불, 지급
опцион   옵션, 선택사양
опцион, валютный   통화옵션
опцион, грузовой   화물옵션
опцион, двойной   이중옵션
опцион на закупку   구매옵션
опцион на продажу   판매옵션
опцион покупателя   콜옵션(call option)
опцион продавца   풋옵션(put option)
опыт   경력, 경험
опыт, управленческий   관리경력
орган, компетентный   보상기관
орган, координационный   조정기관
орган, управления   관리기관
организация   조직, 기관, 기업, 기구
Организация Азиатско-Тихоокеанского сотрудничества [АТЭС]   아시아-태평양경제협력체(APEC)
организация, базовая   기반조직
организация, внедренческая   안정조직
организация, внешнеторговая   대외무역기관
организация, внешнеэкономическая   대외경제기구
организация, внешнеторговая хозрасчётная   대외무역지원기구
Организация, всемирная торговая [ВТО]   세계무역기구 (WTO)

организация гражданской авиации, Международная [ИКАО]
　　　　　　　　　　　　　　　　국제민간항공기구 (ICAO)
организация здравоохранения, Всемирная [ВОЗ]　세계보건기구 (WHO)
организация, кооперативная　협력기구
организация, международная　국제기구
Организация Объединенных Наций [ООН]　국제연합 (UN)
　　　　ООН по вопросам просвещения, науки и культуры [ЮНЕСКО]
　　　　　　　　　　　　　　　　유엔교육과학문화기구 (UNESCO)
ООН по промышленному развитию [ЮНИДО] 유엔공업개발기구 (UNIDO)
организация ООН, Продовольственная и сельскохозяйственная
　　　　　　　　　　　　　　　　유엔식량농업기구 (FAO)
организация, подрядная　도급업체
организация по стандартизации, Международная [МОС]
　　　　　　　　　　　　　　　　국제표준화기구 (ISO)
Организация стран экспертов нефти [ОПЕК] 석유수출국기구(OPEC)
организация, транспортно-экспедиторская　복합운송조직
организация труда, Международная [МОТ ООН]　국제노동기구 (ILO)
организация-консигнатор　위탁판매기관
Организация экономического сотрудничества и развития [ОЭСР]
　　　　　　　　　　　　　　　　경제협력개발기구 (OECD)
ордер　지시서, 전표
ордер, грузовой　선적지시서
ордер, кассовый　현금전표
ордер на погрузку　선적지시서
ордер, платёжный　지급증
ордер, погрузочный　선적지시서
ордер, приходный　입금전표
ордер, расходный　출금전표
ордер, фрахтовый　용선지시서
оригинал документа　서류원본

освобождение от налогов 세금면제
осмотр 검수, 검사
осмотр, сюрвейерный 검수인검사
осмотр, таможенный 세관검사
отбор проб 견본채취
ответственность, гражданская 민사책임
ответственность, материальная 물적책임
ответственность пакупателя 구매자책임
ответственность продавца 판매자책임
ответчик 피고
ответчик в суде 법정피고
отгрузка 선적
отгрузка, досрочная 사전선적
отгрузка, просроченная 기한초과선적
открытие счёта 계좌개설
отметка в коносаменте 선하증권표식
отношения 관계
отношения, взаимовыгодные 상호이익관계
отношения, внешнеэкономические 대외경제관계
отношения, деловые 업무관계
отношения, договорные 약정관계
отношения, корреспондентские 거래관계
отношения, кредитные 신용관계
отношения, экономические 경제관계
отправитель груза 송하인
отправка 발송
отправка груза 화물발송
отсрочка платежа 지불연기
отсрочка погашения ссуды 대부상환연기
отсрочка поставки 공급연기

отступные 해약금
отчёт 계산, 결산, 보고
отчёт, балансовый 대차대조표
отчёт, бухгалтерский 회계결산, 대차대조표결산
отчёт, годовой 연간결산
отчёт, ликвидационный 청산결산
отчёт, ревизионный 감사보고
отчёт, сводный 총결산
отчёт, финансовый 재무결산
отчётность 보고서
отчётность, бухгалтерская 회계보고서
отчётность предприятий 기업보고서
отчисления 공제액, 공제금
отчисления, амортизационные 감가상각공제금
отчисления, валютные 통화공제금
отчисления в государственный бюджет 국가예산공제금
отчисления в резервный фонд 예비기금공제금
отчисления, комиссионные 수수료공제금
отчисления от прибыли 이익공제금
отчисления от прибыли до налогообложения 납세전이익공제금
отчисления от прибыли после налогообложения 납세후이익공제금
отчисления, процентные 이자공제금
оферент 청약자
оферта 청약, 오퍼
оформление документов 서류작성
оформление, таможенное 통관심사
оценка 감정, 평가
оценка, банковская 은행감정
оценка вклада 납입평가
оценка имущества предприятия 기업자산평가

оценка, стоимостная	가격감정
оценщик, официальный	공인감정평가사
очередь на погрузку	선적순서
очистка, таможенная	세관통관절차

П

павильон, выставочный   박람회전시관
пай   배당, 몫
пайщик   주주, 출자자
пакет   포장봉지, 비닐봉지
пакет документов   서류철
пакетирование   포장
палата, арбитражная   상사중재원
палата, внешнеторговая   대외무역회의소
палата, клиринговая   어음교환소
палата, расчётная   결제원
палата, торгово-промышленная   상공회의소
паллет   팔렛(pallet)
паритет   평가
паритет, валютный   통화평가
паритет, золотой   금평가
паритет, интервалютарный   외환평가
паритет, обменный   교환평가
паритет, скользящий   신축평가
паритет, твёрдый   고정평가
паром   나룻배
партия   롯(lot), (화물)한더미
партия груза   화물
партия, опытная   시험물품
партия, пробная   견본물품
партия товара   상품
партнёр   동반자, 파트너

партнёр, деловой 업무파트너
партнёр, зарубежный 해외파트너
партнёр по совместному предпринимательству 합작기업파트너
партнёр, потенциальный 잠재파트너
партнёр по торговле 교역파트너
партнёры-учредители 설립파트너
парцель (화물)한뭉치
паспорт 여권, 증명서 설명서
паспорт, заводской 제조증명서
паспорт, заграничный 국외여권
паспорт, патентный 특허증
паспорт, технический 기술설명서
патент 특허, 특허권
патент, действующий 유효특허
патент на изобретение 발명특허
патент на промышленный образец 의장특허
патент на усовершенствование 개발특허
патент, родственный 유사특허
патент-аналог 유사특허
патентование 특허등록
патентовладелец 특허권소유자
пеня 과태료, 연체이자
переадресование груза 화물수신처정정
перевалка груза 화물환적
перевод 번역 송금 양도
перевод, банковский 은행송금
перевод в метрическую систему 미터법환산
перевод, денежный 환송금
перевод за границу 해외송금
перевод по почте 우편환

перевод против документов   서류인수부 송금
перевод со счёта покупателя на счёт поставщика   구매자계좌에서 판매자 계좌로의 송금
переводоотправитель   송금인
переводополучатель   수취인
перевозка   운송
перевозки, авиационные   항공운송
перевозки, внешнеторговые   대외무역운송
перевозки, грузовые   화물운송
перевозки, железнодорожные   철도운송
перевозки, короткопробежные   단거리운송
перевозки, международные   국제운송
перевозки, морские   해상운송
перевозки на дальние растояния   장거리운송
перевозчик   운송회사
перевозчик, авиационный   항공운송회사
перевозчик, внутренный   국내운송회사
перевозчик грузов   화물운송회사
перевозчик, морской   해상운송회사
перевозчик, наземный   육상운송회사
перевозчик, фидерный   지선운송회사
переговоры   협상
переговоры, двусторонние   쌍무협상
переговоры, закрытые   비공개협상
переговоры, коммерческие   상무협상
переговоры, многосторонние   다자간협상
переговоры, торговые   무역협상
перегруженность порта   항만환적처리도
перегрузка груза   화물환적
передача   양도, 이전

передача, безвозмездная	무상양도
передача груза	화물양도
передача доли участия	참여지분양도
передача опыта	기술이전
передача полномочий	전권양도
передача прав	권리양도
передача технологии	기술이전
переоборудование	설비교체
переотправка	재발송
переоформление	재수속
переоценка	재평가
переплата	초과지급
перепродажа	재판매
перерасход	초과지출
перерасчёт	검산, 재정산, 환산
перестрахование	재보험
пересчёт	검산, 재계산, 환산
пересчёт валюты	통화환산
пересчёт по официальному курсу	공식환율환산
пересылка	송부, 배달
пересылка денег	금전송달
пересылка по почте	우편송달
перетарка	재포장
переупаковка	재포장
переуступка	재양도
переуступка права	권리재양도
переуступка права путём обмена	교환식권리재양도
переуступка права путём продажи	판매식권리재양도
переучёт	재할인
переучёт векселя	어음재할인

перечень 목록
перечисление 이체, 송금
перечисление, безналичное 무환이체
перечисление в бюджет 예산이체
перечисление на счёт 계좌이체
перечисление средств 자금이체
перешвартовка 재계류
письмо 우편, 서신, 증서
письмо, аккредитивное 신용장
письмо, гарантийное 보증서
письмо, заёмное 차용증
письмо, заказное 주문서
письмо, рекомендательное 추천서
письмо с доплатой 추가지불우편(우표가격의 부족으로 인한)
письмо с наложенным платежом 완불우편
письмо, сопроводительное 첨부서
письмо, уведомительное 통지서
план 계획
план оборота 회전계획
план, перспективный 향후계획
план поставок 공급계획
план прибыли 수익성계획
план, сводный 총계획
план, текущий 당면계획
план экспорта и импорта товаров 수출입계획
плата 비용, 보수 지급, 결제
плата, аккордная 청부비용
плата, арендная 임대료, 대여료
плата, заработная 급여, 봉급
плата, провозная 운송료, 운임

плательщик 지급인
платёж 지급, 지불
платёж, авансовый 선급, 선불
платёж, акцептный 인수부지급
платёж, безналичный 비현금지급
платёж взносами 납입대체지급
платёж в рассрочку 분할지급
платёж в счёт кредита 신용지급
платёж в форме аккредитива 신용장식지급
платёж в форме инкассо 추심식지급
платёж, единовременный 일시불
платёж, лицензионный 로열티, 사용료
платёж наличными 현금지급
платёж, наложенный 대금인환불
платёж, немедленный 즉시지급
платёж, неналоговый 비과세지급
платёж, неторговый 비상업성지급
платёж нетто 순지급
платёж, отсроченный 지급연기, 지급유예
платёж, очередной 순차지급
платёж, паушальный 일괄지급
платёж по аккредитиву 신용장지급
платёж по открытому счёту 계좌개설에 따른 지급
платёж по чеку 수표지급
платёж, разовый 일회지급
платёж, рентный 임대료지급
платёж, страховой 보험지급
платёжи, текущие 당좌지급
платёжи, торговые 거래지급
платёж, частичный 분할지급

платёж чеком   수표지급
поверенный, патентный   특허변호사
поверка средств измерений, государственная   국가측정검사
повышение   인상, 상승
повышение цен   가격인상
погашение   변제, 반환
погашение долга   부채상환
погашение займа   대부상환
погашение кредита   대출상환
погашение ссуды   대부상환
погрузка, автоматическая   자동선적
погрузка, бескрановая   무크레인선적
погрузка навалом   벌크선적
погрузка наливом   탱크선적
погрузка насыпью   벌크선적
поддон   팔레트
поддон, грузовой   화물팔레트
подряд   도급
подряд, генеральный   총도급
подряд на выполнение строительных работ   건설공사도급
подрядчик   도급인
подрядчик, генеральный   총도급인
подрядчик, основной   원도급인
позиция, срочная   정기위치
позиция судна   선박위치
позиция, товарная   상품품목
поиск, патентный   특허조사
показ товара   상품전시
показ экспоната, открытый   진열품개방전시
покрытие   보증금 변제, 결제

покрытие аккредитива 신용장결제
покрытие, валютное 통화결제
покрытие долга 부채변제
покрытие задолженности по счёту 계정결제
покрытие расходов 비용지출
покрытие спроса 수요충족
покрытие, страховое 보험결제
покрытие счёта 계정결제
покрытие убытков 손실보상
покупатель 구매자, 매수인
покупка 구매
покупка в кредит 신용구매
покупка в рассрочку 분할구매
покупка в розницу 소매구매
покупка за наличные 현금구매
покупка на вес 중량구매
покупка на срок 기한부구매
покупка по образцам 견본구매
покупка со склада 창고구매
покупка через посредника 중개구매
полис 보험증서
полис, бланковый 총괄보험증서
полис, генеральный 일반보험증서
полис комбинированного страхования 연합보험증서
полис морского страхования 해상보험증서
полис, открытый 예정보험증서
полис перестрахования 재보험증서
полис, рейсовый 항해보험증서
полис, смешанный 혼합보험증서
полис, срочный 기한부보험증서

полис страхования 보험증서
полис, фрахтовый 선임증서
полисодержатель 보험계약자
политика, валютная 통화정책
политика, внешнеторговая 대외무역정책
политика, внешнеэкономическая 대외경제정책
политика, кредитная 신용정책
политика, торговая 무역정책
политика цен 가격정책
политика, экономическая 경제정책
получатель 수취인, 수령인
получатель груза 수하인
получатель денег 금전수령인
получатель, конечный 최종수령인
получатель кредита 대출수령인
получатель лицензии 허가수령인
получатель перевода 송금수령인
получатель платежа 지급수령인
получатель товара 상품수령인
пользование 이용, 사용
пользование, безвозмездное 무료이용
пользование, временное 임시사용
пользование, исключительное 전용(專用)
пользование, неисключительное 비전용
пользователь 사용자
пользователь, второй 이차사용자
пользователь, добросовестный 선의적사용자
пользователь, конечный 최종사용자
пользователь, первый 최초사용자
пометка в коносаменте 선하증권표시

помещение, выставочное　박람회장, 전시장
поощрение　촉진 장려금, 인센티브
поощрение, материальное　물적장려금
поощрение экспорта　수출촉진
поправка　변경, 수정, 정정
поправка в цене　가격변경
поправка к контракту　계약정정
поправка на сезонные колебания　계절변동에 따른 수정
порок　결함, 흠
порок качества　품질결함
порт　항구
порт ввоза　반입항
порт выгрузки　하역항
порт выгрузки по выбору отправителя　송하인지정하역항
порт, грузовой　화물항
порт, договорный　계약항
порт доставки　공급항
порт захода　기항지
порт, контейнерный　컨테이너항
порт, морской　해항
порт назначения　지정항
порт отгрузки　선적항
порт, открытый　개방항
порт отправления　발송항
порт перевалки　환적항
порт по выбору покупателя　매수인지정항
порт погрузки　선적항
порт поставки　공급항
порт приписки　선적항
порт происхождения　원산지항

порт разгрузки　하역항
порт, речной　하항
порт, торговый　무역항
поручение　의뢰 위임, 위탁
поручение, банковское　은행위탁
поручение, импортное　수입의뢰
поручение, комиссионное　수수료
поручение на открытие аккредитива　신용장개설의뢰
поручение на перевод　이체의뢰
поручение, отгрузочное　선적의뢰
поручение, переводное　송금의뢰
поручение, платёжное　지불의뢰
поручение, транспортное　운송위탁
поручитель　보증인
поручительство　보증
поручительство, банковское　은행보증
поручительство в платеже　지급보증
поручительство, кредитное　신용보증
порча　손상, 부패, 변질
порча груза　화물손상
порча, скрытая　감춰진손상
посредник　중개인, 중매인
посредник, торговый　거래중개인
посредничество　중개
посредничество, торговое　거래중개
поставка　공급, 인도
поставки, взаимные　상호공급
поставки, государственные　국가조달
поставки, договорные　계약공급
поставка, досрочная　사전공급

поставки, импортные　수입공급
поставки, компенсационные　변상공급
поставки, комплектные　종합공급
поставки, кооперативные　공동공급
поставка на условиях КАФ　운임포함인도조건부공급, C&F
поставка на условиях кредита　신용조건부공급
поставка на условиях СИФ　운임보험료포함인도조건부공급, CIF
поставка на условиях ФОБ　본선인도조건부공급, FOB
поставка на условиях ФОБ аэропорта　기내인도조건부공급
поставка на условиях франко-вагон граница страны продавца
　　　　　매도인측국경화차인도조건부공급
поставка на условиях франко-выставка　박람회장인도조건부공급
поставка на условиях франко-завод　공장인도조건부공급
поставка, немедленная　즉시공급
поставки, обязательные　의무공급
поставка партиями　부분적공급
поставка под ключ　일괄공급, 턴키공급
поставка, разовая　일회공급
поставка, частичная　분할공급
поставки, экспортно-импортные　수출입공급
поставки, экспортные　수출공급
поставщик　공급자
поставщик, генеральный　총공급자
поступления　수입, 입금
поступления, валютные　통화수입
поступления, кассовые　현금수입
поступления от реализации продукции на внешнем рынке
　　　　　해외시장상품판매수입
поступления, чистые　순수입
поступления, экспортные　수출수입

потенциал　잠재력

потенциал, покупной　구매잠재력

потеря　손실, 손해

потери, валютные　통화손실

потери, курсовые　환율손실

потери, материальные　물자손실

потери, ожидаемые　기대손실

потери, финансовые　금융손실

потребитель　소비자

потребитель, конечный　최종소비자

потребитель, оптовый　도매소비자

потребитель, платёжеспособный　지급능력이있는 소비자

потребность　수요, 필요

потребность в иностранной валюте　외환수요

потребность в персонале　개인수요

потребности, кредитные　대출수요

потребности, материальные　물자수요

потребности рынка　시장수요

потребности, сезонные　계절수요

потребности, текущие　현재수요

потребности, экономические　경제수요

пошлина　세금

пошлина ад валорем　종가세

пошлина, акцизная　소비세

пошлина, арбитражная　중재료

пошлина, валютная　통화세

пошлина, ввозная　반입세, 수입세

пошлина, возвратная　환급관세

пошлина, вывозная　반출세, 수출세

пошлина, государственная　국세

пошлина, дискриминационная   차별관세
пошлина, дифференциальная   차등관세
пошлина, единовременная   단일관세
пошлина, запретительная   금지관세
пошлина, карательная   보복관세
пошлина, компенсационная   보상관세
пошлина, конвенционная   협정관세
пошлина, лицензионная   허가세
пошлина, льготная   우대관세
пошлина, патентная   특허세
пошлина, покровительственная   보호관세
пошлина, портовая   항만세
пошлина, преференциальная   특혜관세
пошлина, регистрационная   등록세
пошлина, сезонная   계절세
пошлина, специфическая   종량세
пошлина, судебная   소송비용
пошлина, таможенная   관세
пошлина, транзитная   통과세
пошлина, экспортная   수출세
правило   기준, 규정, 지침
правила, аукционные   경매규정
правила, валютные   통화기준
правила, метрологические   도량형기준
правила приёмки готовой продукции   완제품수령기준
правила проверки   검사규정
правила эксплуатации и ремонта   사용 및 수리지침
правление   이사회
право   권리 법률
право, авторское   저작권

право, агентское   대리점권
право вето   거부권
право выхода на внешние рынки   해외시장진출권
право, законное   법적권리
право, залоговое   저당권
право, изобретательское   발명권
право, имущественное   재산권
право, исключительное   독점권
право, контрольное   감사권, 감독권
право, лицензионное   허가권 허가법률
право, монопольное   독점권
право на промышленную собственность   산업재산권
право обжалования   공소권
право, патентное   특허권
право первой руки   퍼스트옵션(first option), 일차권리
право переадресовки   이전권
право подписи   서명권
право пользования   사용권
право преждепользования   사전이용권
право, преимущественное   우선권
право преимущественной покупки   우선구매권
право приоритета   우선권
право протеста   저항권
право распоряжения грузом   화물처분권
право регресса   상환청구권
право собственности   소유권
право суброгации   대리권
право, торговое   상법
право удержания груза   화물선취권, 화물담보권
право юридического лица   법인권리

право, юридическое   법적권리
правоотношения сторон   쌍방권리관계
правопередача   권리양도
прайм-рэйт   우대금리, 프라임레이트
практика   연습, 실무
практика, деловая   비즈니스실무
практика, деловая ограничительная   제한적 비즈니스실무
предложение   오퍼, 제의
предложение без обязательства   불확정오퍼
предложение, встречное   대응오퍼
предложение, инициативное   발기제의
предложение, коммерческое   상업오퍼
предложение, комплексное   종합오퍼
предложение на поставку   공급오퍼
предложение, свободное   불확정오퍼
предложение, твёрдое   확정오퍼
предписания   지침, 규정
предписания, валютные   외환규정
предписания, правовые   법률규정
предписания, таможенные   세관규정
предприниматель   기업가
предприниматели, иностранные   외국기업가
предпринимательство   기업경영
предприятие   기업, 회사
предприятие, внешнеторговое   무역회사
предприятие, высокорентабельное   고수익기업
предприятие, государственное   국영기업
предприятие, действующее   활동기업
предприятие, дочернее   자회사
предприятие, импортозамещающее   수입대행회사

предприятие, коммерческое 상업회사
предприятие, конкурирующее 경쟁기업
предприятие, кооперативное 조합기업
предприятие, оптовое 도매회사
предприятия партнёров 동반기업
предприятие, подведомственное 예하기업
предприятие, подконтрольное 계열기업
предприятие, совместное 합작회사
предприятие с участием иностранного капиталп, совместное
               외국자본참여합작회사
предприятие с участием российских и иностранных организаций
             러시아 및 외국기업출자회사
предприятие, торговое 무역회사
предприятие, хозрасчётное 독립채산기업
предприятие, частное 개인기업
представитель 대표자
представитель, генеральный 총대표
представитель, единственный 단일대표
представитель с исключительными правами 특별권한대표
представитель, торговый 무역대표
представитель, уполномоченный 전권대표
представительство 대표부, 대표사무소
представительство, агентское 대리점사무소
представительство, монопольное 독점대표사무소
представительство совместного предприятия 합작기업대표사무소
представительство, торговое 무역대표부
представительство фирмы 기업대표사무소
предъявитель 소지인, 지참인
презентация товара 상품발표, 상품소개
прейскурант 가격표

прейскурант, базисный	기본가격표
прейскурант на товары	상품가격표
прейскурант, рекламный	광고가격표
прейскурант, стандартный	표준가격표
премия	보너스, 프레미엄, 상여금
премия, валютная	외환프레미엄
премия, единовременная	일괄보너스
премия, импортная	수입보너스
премия, паушальная	일괄보너스
премия, поощрительная	장려금
премия, страховая	보험프레미엄
премия, экспортная	수출보너스
претензия	클레임
претензия, встречная	대응클레임
претензия по качеству	품질클레임
претензия по количеству	수량클레임
преференции, торговые	무역우대
прибыль	이익, 수익
прибыль, балансовая	장부이익
прибыль до уплаты налога	납세전이익
прибыль за вычетом налога	납세후이익
прибыль, монопольная	독점이익
прибыль нетто	순이익
прибыль, облагаемая	과세이익
прибыль, объявленная	신고이익
прибыль, ожидаемая	기대이익
прибыль, остаточная	순이익
прибыль, плановая	추정이익, 예상이익
прибыль после уплаты налога	납세후이익
прибыль, расчётная	계상이익

прибыль, сверхплановая   예상초과이익
прибыль, сметная   견적이익
прибыль, упущенная   상실이익
прибыль, чистая   순이익
привлечение   유치, 도입
привлечение зарубежной техники и технологии   해외기술도입
привлечение иностранных инвестиций   외국투자유치
привлечение кредита   융자도입
привлечение средств   자금도입
приёмная   접견실
приём груза к перевозке   화물환적인수
приёмка   인수, 검사
приёмка, государственная   국가검사
приёмка, заводская   공장검사
приказ   주문
приложение   첨부물, 부록
приложение к контракту   계약첨부물
приложение, рекламное   광고첨부물
приложение, техническое   기술첨부물
прима-вексель   일차어음
принципал   원금, 액면가격
приоритет   우선권
приоритет, авторский   저자우선권
приоритет заявки   신청우선권
приоритет изобретения   발명우선권
приплата   추가지불, 할증요금
притязания, патенные   특허권요구
причал   선착장
причал, грузовой   화물선착장
проверка   검사, 감사, 조사

проверка ведения бухгалтерского учёта   회계장부감사
проверка ведения документации   문서감사, 서류감사
проверка в нормальное рабочее время   정규근무시간중검사
проверка в производственных условиях   생산환경검사
проверка, выборочная   선별검사
проверка изобретения на полезность   발명품유용성검사
проверка, инспекционная   전문검사
проверка качества   품질검사
проверка количества   수량검사
проверка кредитоспособности   신용능력조사
проверка на месте   현장검사
проверка патентоспособности   특허성검사
проверка, регламентная   규정검사
проверка счетов   계좌검사
проверка, текущая   현행검사
проверка финансового положения   재무감사
проверка хода изготовления оборудования   설비준비과정검사
проверка хранения   보관검사
провоз   운송, 수송
прогнозы, конъюнктурные   경기전망
программа диверсификации   다각화프로그램
программа закупок   구매프로그램
программа, комплексная   종합프로그램
Программа развития ООН   유엔개발계획 (UNDP)
программа финансирования   재무프로그램
программа хозяйственной деятельности   경영활동프로그램
программа, целевая   목표프로그램
продавец   상인, 판매자
продажа   판매
продажа, аукционная   경매판매

продажа без предварительного осмотра　무사전검사판매
продажа, биржевая　거래소판매
продажа в кредит　신용판매
продажа в рассрочку　할부판매
продажа за наличные　현금판매
продажа, зарубежная　해외판매
продажа, комиссионная　수수료판매
продажа на вес　중량판매
продажа на корню　농산물판매
продажа на срок　선물판매
продажа на экспорт　수출판매
продажа, оптовая　도매
продажа по каталогу　카탈로그식홍보판매
продажа по образцу　견본식홍보판매
продажа, посредническая　중개판매
продажа, розничная　소매
продажа с аукциона　경매
продажа с немедленной поставкой　즉시인도판매
продажа со скидкой　할인판매
продажа со склада　창고판매
продажа со стенда　진열대판매
продажа с прибылью　흑자판매
продление　연기, 연장
продление аккредитива　신용장연기
продление гарантийного периода　보증기간연장
продление кредита　대출연장
продление соглашения　계약연장
продление срока　기간연장
продукт, валовой внутренний [ВВП]　국내총생산 (GDP)
продкуция　제품, 생산품

부록 337

продкуция, валовая　총생산
продкуция, готовая　완제품
продкуция, импортная　수입품
продкуция, импортозамещающая　수입대체품
продкуция, конкурентоспособная　경쟁제품
продкуция, наукоёмкая　하이테크제품
продкуция, реализованная　판매된제품
продкуция, серийная　연속제품
продкуция, сертифицируемая　인증제품
продкуция, товарная　시장성제품
продкуция, экспортная　수출품
продуцент　생산자
проект　계획, 초안, 프로젝트
проект бюджета　예산안
проект договора　약정안, 계약서초안
проект контракта　약정안, 계약서초안
проект, совместный　합작프로젝트
проект строительства　건설프로젝트
проектировщик　계획입안자, 설계자
производитель　생산자
производительность　생산성
производство　생산
производство, импортозамещающее　수입대체생산
производство, иностранное　국외생산
производство, кооперированное　협동생산
производство, незавершённое　미완생산
производство, отечественное　국내생산
производство, прибыльное　흑자생산
производство, серийное　연속생산
производство, совместное　합작생산

производство, экспортное　수출생산
происхождение товара　상품원산지
пролонгация　연장, 연기, 유예
пролонгация аккредитива　신용장연장
пролонгация векселя　어음연장
пролонгация кредита　대출연장
пролонгация страхования　보험연장
пролонгация тратты　환어음연장
промысел　수공업
промышленность　산업
промышленность, обрабатывающая　가공업
пропуск имущества по генеральному разрешению　일반허가에 따른 자산통과허가
пропуск товаров, транзитных　통과화물허가
пропуск товаров через границу　국경화물통과
пропуск товаров через таможню　세관화물통과
проспект　소개서, 팜플렛
проспект, выставочный　박람회팜플렛
проспект, рекламный　광고팜플렛
проспект, фирменный　기업팜플렛
просрочка　기한초과
просрочка платежа　지불기한초과
просрочка поставки　공급기한초과
протекционизм　보호무역주의, 보호정책
протест　항의, 이의신청 공소 인수거절(증서)
протест векселя　어음인수거절증명서
протест, капитанский　선장항의서
протест, морской　해난보고서
протокол　의정서, 프로토콜
протокол заводского испытания　공장시험조서

протокол о намерениях 의정서
протокол о товарообороте 상품유통조서
протокол переговоров 협의의정서
протокол приёмки 인수조서
протокол приёмки окончательного проекта 최종계획인수조서
протокол приёмки предварительного проекта 예비계획인수조서
протокол приёмки, предварительный 사전인수조서
проформа 형식 견적
проформа коносамента 선하증권견적
проформа контракта 계약형식
проформа чартера 용선견적
процент 이자 비율
процент, банковский 은행이자
процент, годовой 연이자
процент за кредит 대출이자
процент, комиссионный 수수료비율
проценты, накопленные 적립이자
проценты, начисленные 가산이자
процент по вкладам 예금이자
процент по займам 대부이자
процент по овердрафту 당좌대월이자
процент прибыли 수익률
процент роялти 로열티비율
процент, ссудный 대출이자
процент, учётный 할인율, 어음할인율
процент, штрафной 벌과금비율
пул 기업연합 공동시설
пул, грузовой 화물공동시설
пул, лицензионный 라이센스연합
пул, патентный 특허연합

пункт   점, 지점
пункт ввоза   반입지, 수입지
пункт вывоза   반출지, 수출지
пункт выгрузки   하역지
пункт доставки груза   화물도착지
пункт назначения   지정지점
пункт отправления   발송지
пункт, пограничный   국경지점
пункт погрузки   선적지
пункт, пропускной   통과지
пункт экспорта   수출지
пути сообщения   교통로

работа 일, 업무, 작업
работа, научно-исследовательская 연구업무
работы, научно-исследовательские и опытно-конструкторские
  연구개발업무, R&D
работы, проектно-изыскательские 설계조사업무
работы, проектно-конструкторские 설계건축업무
работы, пуско-наладочные 초기조절업무
работа, экспериментальная 실험작업
разблокирование счёта 계좌정지해제
разгрузка 하역
разгрузка судна 선박하역
разделение труда, международное 국제노동국
размен денег 화폐교환
размер 규격, 치수, 사이즈
размер, габаритный 외형규격
разница 차액 차, 차이
разница, валютная 통화차액
разница в весе 중량차
разница в качестве 품질차
разница в ценах 가격차액
разница, курсовая 환율차액
разница, налоговая 세금차액
разработка 가공
разработка, научно-техническая 기술연구개발
разработка проекта 프로젝트개발
разрешение 허가, 승인

разрешение, валютное   외환허가
разрешение, генеральное   일반허가
разрешение, именное   기명허가
разрешение на ввоз   반입허가
разрешение на вывоз   반출허가
разрешение на импорт   수입승인
разрешение на поставку   공급허가
разрешение на реэкспорт   재수출승인
разрешение на транзит   통과허가
разрешение на экспорт   수출승인
разрешение, разовое   단수허가
разрешение таможни   세관허가
рамбурсирование   상환, 변제
распаковка   포장해체
расписание   시간표, 계획표, 일정표
расписка   영수증, 인수증
расписка, депозитная   입금증
расписка, доковая   도크인수증
расписка, долговая   채무증서
расписка капитана   선장인수증
расписка, ломбардная   전당권
расписка, складская   창고수령증
расписка, сохранная   보관증
расписка, тальманская   검수증
расписка, таможенная   세관수령증
распределение   배분, 분산
распределение ассигноваций   지출할당
распределение валютных рисков   외환위험분산
распределение доходов   수익배분
распределение накладных расходов   잡비배정, 기타비용배정

распределение общей аварии　일반해손정산(서)
распределение прибыли　이익배분
распределение риска　위험분산
распродажа остатков　재고품처리
распродажа, сезонная　계절판매
рассрочка платежа　지불분할
расторжение　파기
расторжение контракта　계약파기
расходы　비용
расходы, аварийные　해손비용
расходы, амортизационные　감가상각비용
расходы, арбитражные　중재비용
расходы, банковские　은행비용
расходы, бюджетные　예산비용
расходы, валютные　통화비용
расходы, денежные　현금비용
расходы, дисбурсментские　지출비용
расходы, дорожные　운송비용
расходы, инвалютные　외환비용
расходы капитана　자본비용
расходы, командировочные　출장비용
расходы, комиссионные　수수료비용
расходы, компенсационные　보상비용
расходы, косвенные　간접비용
расходы, накладные　잡비, 기타비용
расходы на маркетинг　마케팅비용
расходы, непредвиденные　미예상비용
расходы, непроизводительные　비생산적비용
расходы по выгрузке товара　하역비용
расходы по лизингу оборудования　설비임대비용

расходы по перегрузке	환적비용
расходы по перетарке	재포장비용
расходы по погрузке товара	선적비용
расходы по хранению товара в пути	운송중보관비용
расходы, представительские	대표사무소비용
расходы, производственные	생산비용
расходы, прямые	직접비용
расходы, путевые	운송비용
расходы, сметные	견적비용
расходы, текущие	현재비용
расходы, торговые	무역비용
расходы, транспортные	운송비용
расходы, финансовые	금융비용
расходы, чрезвычайные	특별비용
расценка	가격결정, 표준가격
расценка, зональная	지역별가격결정
расчёт	계산, 결제
расчёт аккредитивами	신용장결제
расчёт, безналичный	무환결제
расчёты, взаимные	상호결제
расчёт в кредит	신용결제
расчёт в форме авансовых платежей	선불식결제
расчёт в форме банковского перевода	은행이체식결제
расчёт в форме документарного аккредитива	신용장서류식결제
расчёт в форме документарного инкассо	서류추심식결제
расчёт в форме открытого счёта	개방계좌식결제
расчёт в форме чеков	수표식결제
расчёты, международные	국제결제
расчёты, многосторонние	다자간결제
расчёт, наличный	현금결제

расчёт платёжными поручениями	지불의뢰에 의한 결제
расчёт платёжными требованиями	지불요구에 의한 결제
расчёт по лицензионным соглашениями	라이센스약정식결제
расчёт по экспортно-импортным операциям	수출입업무결제
расчёт с особых счетов	특별계좌결제
расчёт технико-экономического обоснования	기술-경제타당성조사서상의계산
расчёт, хозяйственный	비용계산
рационализация	합리화
рационализация промышленности	산업합리화
реализация продукции	제품판매
ревалоризация	하락된 통화가치를 원상태로 되돌리는 것
ревальвация	통화가치재평가(평가절상)
ревизия	감사, 검사, 심사 개정, 수정
ревизор	감사관, 감독관
регистр	등기부, 등록부
регистр, заводской	공장등록부
регистр, торговой	무역등록부
регистрация	등기, 등록
регистрация совместного предприятия	합작회사등록
регистрация товарного знака	상표등록
регламент	규정, 규칙, 법규
регресс	반환청구
регулирование	조절, 조정
регулирование импорта	수입조절
регулирование цен на товары	물가조절
редисконт	재할인
реестр	등기부, 등록부, 목록
режим	제도, 규정, 정책
режим наибольшего благоприятствования	최혜국우대규정

режим, таможенный　세관규정
режим экономии　경제정책
резерв　예비(비), 비축
резервы, валютные　외환보유고
резервы, государственные　국가예비금
резервы, денежные　통화비축분
резервы, материальные　비축물자
резервы, сырьевые　비축원자재
резервы, товарные　비축상품
резервы, финансовые　금융비축분
резервирование　예비, 유보, 저장
реимпорт　재수입
реинвестирование　재투자
реинвестиция　재투자
рейтинг　등급평가
реквизиты документов　서류요건
реквизиты, отгрузочные　선적요건
реквизиция　몰수
реклама　광고, 홍보
реклама, аудио-визуальная　시청각광고
реклама, внешнеторговая　대외무역광고
реклама, внутренная　국내광고
реклама в процесс　출판광고
реклама, газетная　신문광고
реклама, журнальная　잡지광고
реклама, изобразительная　전시광고
реклама, коммерческая　상업광고
реклама, наружная　실외광고
реклама, печатная　인쇄광고
реклама средствами кино　영화광고

реклама средствами радио 라디오광고
реклама средствами телевидение 텔레비젼광고
реклама, товарная 상품광고
реклама, торговая 상업광고
реклама, экспортная 수출광고
рекламация 이의제기, 클레임
рекламодатель 광고주
рекомендация 추천 조회
рекомендация, банковская 은행추천
ремитент 송금인
ремонт 수리, 수선, 정비
ремонт экспортируемой техники 수출기술장비의 수리
реновация 쇄신, 혁신
рента 임대료
рентабельность 채산성, 수익성
рентабельность вклада 납입채산성
рентабельность затрат 비용채산성
рентабельность предприятия 기업채산성
репрессалии 배상
ресурсы 자원 재원
ресурсы, валютные 외화재원
ресурсы, денежные 화폐재원
ресурсы, материальные 물자자원
ресурсы, производственные 생산자원
ресурсы, сырьевые 원자재
ресурсы, финансовые 금융재원
ретратта 역환어음
рефакция (상품의 파손으로 인한) 가격할인
референция 추천장
референция, банковская 은행추천장

рефинансирование　재적립, 차환
рефляция　통화재팽창
реципиент　수령인
реэкспорт　재수출
римесса　송금
риск　위험
риск, валютный　외환위험
риск, застрахованный　부보위험
риск, кредитный　신용위험
риск, курсовой　시세위험
риск неакцепта　인수부도위험
риск неплатежа　미결제위험
риск, страховой　보험위험
риск, финансовой　금융위험
рискоинвестиция　위험투자
роспись, досмотровая　(세관)검사증
роялти　로열티, 사용료
роялти, договорное　약정로열티
рубль, инвалютный　외환동일가치루블화
рубль, переводный　양도가능루블화
рынок　시장
рынок, валютный　외환시장
рынок, внешний　대외시장
рынок капитала　자본시장
рынок короткопробежных перевозок　단거리수송시장
рынок, кредитный　신용시장
рынок покупателя　구매자시장
рынок продавца　판매자시장
рынок сбыта　판매시장
рынок ссудных капиталов　대부자본시장

부록 349

рынок, товарный   상품시장
рынок, фрахтовый   선임시장
рынок ценных бумаг   유가증권시장

сальдо 잔고, 이월금
сальдо банковского счёта 은행계좌잔고
сальдо взаимных расчётов 상호결제잔고
самообеспечение 자급
самоокупаемость 독립채산제
самофинансирование 금융자체조달
самофинансирование, валютное 통화금융자체조달
санкция 제재
санкции, договорные 약정제재
санкции, торговые 무역제재
санкции, финансовые 금융제재
санкции, штрафные 과태료제재
санкции, экономические 경제제재
сбор 수수료, 요금, 세금
сбор, арбитражный 중재수수료
сбор, весовой 중량세
сбор, гербовый 휘장사용료
сборы, грузовые 화물요금
сбор, доковый 도크사용료
сбор, канальный 운하사용료
сбор, карантинный 검역료
сбор, комиссионный 중개수수료
сбор, консульский 영사수수료
сбор, лицензионный 허가수수료
сбор, маклерский 중개수수료
сбор, патентный 특허사용료

сборы, портовые　항만사용료
сбор, регистрационный　등록수수료
сбор, складской　창고사용료
сбор, страховой　보험료
сбор, сюввейерский　검사수수료
сбор, таможенный　세관수수료
сбор, фрахтовый　용선료
сбыт продукции　제품판매
сверхпоставка　초과공급
сверхприбыль　초과이윤
свидетельство　증명서
свидетельство, карантинное　검역증명서
свидетельство о происхождении товара　상품원산지증명서
свидетельство, санитарное　위생증명서
свидетельство, складское　창고증명서
свидетельство, сохранное　보관증명서
свидетельство, страховое　보험증서
свинг　스윙(변동)
свитч　스위치(전환)
своп　스왑(교환)
связи, внешнеторговые　대외무역관계
связи, внешнеэкономические　대외경제관계
связи, деловые　업무관계
связи, кооперационные　협력관계
связи, мирохозяйственные　세계경제관계
связи, производственные　생산관계
связи, прямые　직접관계
связи, торговые　거래관계
связи, хозяйственные　경제관계
сделка　거래, 계약

сделка, аукционная　경매거래
сделка, банковская　은행거래
сделка, бартерная　바터거래
сделка, биржевая　주식거래
сделка, валютная　외환거래
сделка, внешнеторговая　대외무역거래
сделка, встречная　연계거래
сделка, двусторонняя　양자거래
сделка, инкассовая　추심거래
сделка, коммерческая　상업거래
сделка, компенсационная　보상거래
сделка, консигнационная　위탁판매거래
сделка, купли-продажи　매매거래
сделка, лицензионная　허가거래
сделка на наличный товар　현물거래
сделка на реальный товар　현물거래
сделка на срок　기한부거래
сделка, обменная　스왑거래
сделка, обратная　역거래
сделка, онкольная　콜거래
сделка, посредническая　중개거래
сделка, реэкспортная　재수출거래
сделка, рыночная　시장거래
сделка с немедленной поставки　즉시공급계약
сделка, спекулятивная　투기거래
сделка с платежом в рассрочку　분할지불계약
сделка, торговая　매매거래
сделка, учётная　할인거래
сделка, финансовая　금융거래
сделка, фондовая　기금거래

сделка, фрахтовая 운임계약
сделка, фьючерсная 선물계약
сделка, экспортная 수출거래
СДР SDR, IMF 특별인출권
себестоимость 원가
себестоимость, сметная 견적원가
сервис 서어비스
сервис, послепродажный 판매후서어비스, 애프터서어비스
сервис, предпродажный 판매전서어비스
сервис, экспортный 수출서어비스
сертификат 증명서, 증서
сертификат, аварийный 해손증서
сертификат, валютный 통화증서
сертификат, ветеринарный 수의보건증서
сертификат, вкладной 납입증서
сертификат, грузовой 화물증서
сертификаты денежного рынка 통화시장증서
сертификат, депозитный 예금증서
сертификат, заводской 제조증명서
сертификат, залоговый 담보증서
сертификат испытаний 시험증명서
сертификат, карантинный 보증증명서
сертификат, налоговый 과세증명서
сертификат происхождения 원산지증명
сертификация продукции 제품증명서
сеть, дилерская 딜러망
сеть, сбытовая 판매망
сеть, торговая 교역망
сила, непреодолимая 불가항력
сила, покупательная 구매력

система 체계, 시스템
система, банковская 은행제도, 금융제도
система ввоза и вывоза, лицензионная 수출입허가제도
система, кредитная 신용제도
система пропуска товаров через границу, разрешительная 국경화물통과허가제도
СИФ CIF, 운임 보험료포함가격
скидка 할인
скидка, бонусная 보너스할인
скидка, валютная 통화할인
скидка, дилерская 딜러할인
скидка, коммерческая 상업할인
скидка с цены 가격할인
скидка, торговая 거래할인
склад 창고
склад, бондовый 보세창고
склад, консигнационный 위탁창고
склад отправителя 송하인창고
склад, перевалочный 통과화물창고
склад покупателя 매수인창고
склад получателя 수하인창고
склад, портовый 항만창고
склад, таможенный 세관창고
склад, торговый 화물창고
складирование 창고입고
скопление грузов 화물집적
смета 견적
смета затрат на производство 생산비용견적
смета на проектные работы 설계비용견적
смета расходов 비용견적

부록 355

смета, сводная 총견적
смета, финансовая 재무예산
снабжение, материально-техническое 물자기술공급
снижение 인하, 하락
снижение галогов 세금인하
снижение цен 가격인하
собственник груза 하주
собственность 자산 소유
собственность, государственная 국유자산
собственность, кооперативная 조합자산
собственность, частная 개인자산
совладелец 공유자
соглашение 협정, 협약, 합의
соглашение, агентское 대리점협약
соглашение, арбитражное 중재협약
соглашение, арендное 임대차협약
соглашение, бартерное 바터협약
соглашение, валютное 통화협정
соглашение, внешнеторговое 대외무역협약
соглашение, двустороннее 쌍무협약
соглашение, джентльменское 신사협약
соглашение, долгосрочное 장기협약
соглашение, Европейское валютное 유럽통화협정
соглашение, клиринговое 어음교환계약
соглашение, компенсационное 보상협약
соглашение, консигнационное 위탁판매협약
соглашение, кооперационное 조합협약
соглашение, краткосрочное 단기협약
соглашение, кредитное 신용협약
соглашение, лицензионное 라이센스협약

соглашение, международное 국제협약
соглашение, мировое 세계협약
соглашение, многостороннее 다자간협약
соглашение о международных железнодорожных перевозках [КОТИФ]
　　　　　　　　　　　　　　　국제철도운송협정 (COTIF)
соглашение о намерении 의정협약
соглашение о производственной кооперации 생산협력에 관한 협약
соглашение о производственной специализации и кооперировании
　　　　　　　　　　　　　　　생산전문화 및 협력에 관한 협약
соглашение о сотрудничестве на компенсационной основе 보상공동협약
соглашение, патентное 특허협약
соглашение, платёжное 결제협약
соглашение, типовое 표준협약
соглашение, товарообменное 바터협약
соглашение, торгово-экономическое 무역경제협약
соглашение, финансовое 금융협약
соло-вексель 단일명의어음
сообщество, Европейское экономическое 유럽경제공동체 (EEC)
сорт 품질, 종류
сортамент 품별, 종별
сортировка 분류, 선별
составляющая, транспортная 운송수단
состязательность 경쟁
сотрудничество 협력
сотрудничество, взаимовыгодное 상호이익적 협력
сотрудничество, внешнеторговое 대외무역협력
сотрудничество, внешнеэкономическое 대외경제협력
сотрудничество, деловое 업무협력
сотрудничество, долгосрочное 장기협력
сотрудничество, многостороннее 다자간협력

сотрудничество на базе реализации лицензий　허가이용을 위한 협력
сотрудничество на компенсационной основе　보상적 기반에서의 협력
сотрудничество, производственное　생산협력
сотрудничество, торгово-экономическое　무역경제협력
сотрудничество, экономическое　경제협력
спекуляция, валютная　외환투기
специализация, международная　국제전문화
специализация, многосторонняя　다자간전문화
специализация производства　생산전문화
специалист, ведущий　최고전문가
специалист, командированный　파견전문가
спецификация　명세서
спецификация, весовая　중량명세서
спецификация груза　화물명세서
спецификация, отгрузочная　선적명세서
спецификация, поместная　포장명세서
спецификация, расценочная　가격명세서
спецификация, тарифная　요율명세서
спецификация, товарная　상품명세서
спецификация, упаковочная　포장명세서
спираль цен　가격나선형
список　목록
спор　분쟁
спор, валютно-финансовый　통화분쟁
спор, внешнеторговый　대외무역분쟁
спор, патентный　특허분쟁
спор по контракту　계약분쟁
спор по претензии　클레임분쟁
спор, торговый　무역분쟁
способность, покупная　구매력

спот 현물거래
спрос 수요
спрос на кредит 대출수요
спрос на рынке 시장수요
спрос на товары 상품수요
спрос, платёжеспособный 지불능력조회
спрос, покупательный 구매수요
спрэд (원가와 판매가의) 차액마진
средства 자산 수단
средства, валютные 통화자산
средства в рублях и иностранной валюте 루블 및 외화자산
средства, вырученные 수입자산, 회수자산
средства, денежные 자금 수단
средства, депонированные на счёте 계좌예금자산
средства, заёмные 차입자금
средства, замороженные 동결자금
средства, кредитные 신용자금
средства, ликвидные 유동자금
средства, неликвидные 비유동자금
средства, оборотные 순환자금
средства, перевозочные 운송수단
средства платежа 결제수단
средства предприятия 기업자금
средства, привлечённые 유입자금
средства, собственные 내부자금
средства, транспортные 운송수단
средства уставного фонда 납입자금
средства хозрасчётных организаций 독립채산기관자금
средства, хранящиеся на счетах 계좌예금자금
срок 기간

срок действия соглашения　협약유효기간
срок, льготный　우대기간
срок, нормативный　표준기간
срок окупаемости　투하자본회수기간
срок платежа　지불기간
срок погашения кредита　대출상환기간
срок службы　서어비스기간
срок, установленный　규정기간
ссуда　대부, 대출
ссуда, банковская　은행대출
ссуда, безвозвратная　무상환대출
ссуда, беспроцентная　무이자대출
ссуда в иностранной валюте　외화대출
ссуда в российских рублях　러시아루블화대출
ссуда Госбанка РФ　러시아연방 국영은행대출
ссуда, денежная　금전대출
ссуда до востребования　일람불대출
ссуда, долгосрочная　장기대출
ссуда, краткосрочная　단기대출
ссуда, онкольная　당좌대월대출
ссуда под гарантию　보증대출
ссуда под двойное обеспечение　이중담보대출
ссуда под залог　담보대출
ссуда под оказанные услуги　서어비스제공대출
ссуда под платёжные документы　지급서류담보대출
ссуда под поручительство　보증대출
ссуда под проценты　금리대출
ссуда, подтоварная　상품담보대출
ссуда под товарно-материальные ценности　상품-자재담보대출
ссуда под ценные бумаги　유가증권담보대출

ссуда, просроченная   기한초과대출
ссуда, процентная   금리대출
ссуда, разовая   일회성대출
ссуда, срочная   기한부대출
ссуда, целевая   목적대출
ставка   율, 비율 부과액
ставка, аккордная   협정율
ставка, базисная   기본율
ставка, банковская учётная   은행할인율
ставка, двойная   이중율
ставка, действующая   현행율
ставки, единые   단일율
ставка за кредит, процентная   대출이자율
ставка, льготная   우대율
ставки мирового денежного рынка   국제금융시장율
ставка, , налоговая   세율
ставка, , плавающая   변동율
ставки таможенных пошлин   관세율
ставка, процентная   이자율
ставка, рыночная   시장율
ставки, тарифные   요율
ставки, фрахтовые   선임율
стагнация   불황, 침체
стагфляция   스테그플레이션, 불황하의 물가고
стандарт, государственный   국가표준
стандарт, заводской   공장표준
стандарт, золотой   금본위
стандарт, международный   국제표준
стандарт, отраслевой   부문표준
стандарт РФ, государственный   러시아연방국가표준

стандарт, экологический　생태표준
стандартизация　표준화
стандартизация, государственная　국가표준화
статус, юридический　법적지위
статья　조항, 항목, 품목
статья актива　자산항목
статья баланса　계정항목
статья, бюджетная　예산항목
статья импорта　수입품목
статья контракта　계약서조항
статья пассива　부채항목
статья расходов　비용항목
статья экспорта　수출품목
стенд, выставочный　박람회 진열대
стенд, демонстрационный　전시대
стимул, экономический　경제장려
стимулирование, материальное　물적장려
стимулирование торговли　교역장려
стимулирование, экономическое　경제촉진
стоимость, 금액, 가치, 가격
стоимость, балансовая　평균가격
стоимость вклада　납입가격
стоимость, денежная　화폐가치
стоимость, добавленная　부가가치
стоимость, добавочная　추가금액
стоимость, договорная　합의가격
стоимость, застрахованная　보험가격
стоимость, контрактная　계약가격
стоимость, ликвидационная　청산가격
стоимость, меновая　교환가치

стоимость, нарицательная	액면가격
стоимость, номинальная	액면가격
стоимость, нормативная	표준가격
стоимость, остаточная	잔여가격, 잉여가격
стоимость, оценочная	감정가격, 평가가격
стоимость, расценочная	견적가격
стоимость, реальная	실제가격
стоимость, рыночная	시장가격
стоимость, сметная	견적가격
стоимость, страховая	보험가액
стоимость товаров и услуг	상품 및 서어비스가격
стоимость транспортировки	운송가격
стоимость, фактурная	송장가격
стоимость, чистая	순가격
стокист	(특정상품 대량)보유자
сторнирование	정정
сторона, виновная	과실당사자
стороны, договаривающиеся	계약당사자
Страны большой семерки	선진7개국 (G7)
страхование, взаимное	공동보험
страхование, государственное	국가보험
страхование гражданской ответственности	민사책임보험
страхование грузов	적하보험
страхование, добровольное	자발적보험
страхование, имущественное	재산보험
страхование кредитов	신용보험
страхование, морское	해상보험
страхование на условиях <все риск>	전손보험
страхование, обязательное	책임보험
страхование от аварий	해손보험

страхование от огня и стихийных бедствий 화재 및 자연재해보험
страхование от поломок 파손보험
страхование риска неплатежа 미결제위험보험
страхование рисков 위험보험
страхование средств транспорта 운송보험
страхование строительно-монтажных рисков 건설보수위험보험
страхование технических рисков 기술위험보험
страхование, транспортное 운송보험
страхование убытков 손해보험
страхование упущенной выгоды 상실이익보험
страхование фрахта 운임보험
страхование экспортно-импортных грузов 수출입화물보험
страхователь 피보험자
страховка 보험료, 보험금
страховщик 보험업자
субаренда 재임대차, 전대차
субподряд 하도급
субподрядчик 하도급업자
суброгация 대위변제
субсидия 보조금, 장려금
субсчёт 부계좌
субчартер 재용선
суд 법원
суд ООН, Международный 국제사법재판소 (ICJ)
суд, третейский 제3국법원
судно 선박
сумма 금액
сумма, вкладная 납입금액
сумма, гарантийная 보증금액
сумма, излишне уплаченная 초과지급액

сумма, исковая　소송금액
сумма, итоговая　총금액
сумма, нарицательная　액면금액
сумма недоимки　체납금액
сумма, номинальная　액면금액
сумма, отступная　해약금
сумма, паушальная　총액
сумма, подотчётная　가지급금, 전도금
сумма прибыли　이윤액
сумма прибыли, облагаемой　과세이윤액
сумма, причитающаяся　지불금액
сумма, страховая　보험금액
сумма, чистая　순금액
суперарбитр　중재자
счёт　명세서, 계산서 계좌, 계정 송장
счёт, авансовый　선급계정
счёт, акцептованный　인수송장
счёт, балансовый　회계계정
счёт, банковский　은행계좌
счёт, беспроцентный　무이자계좌
счёт, блокированный　정지계좌
счёт, валютный　외환계좌
счёт в банке　은행계좌
счёт, депозитный　예금계좌
счёт, дисбурсментский　지급계좌
счёт, инвалютный　외환계좌
счёт, клиринговый　교환계정
счёт, консульский　영사송장
счёт, контокоррентный　당좌계정
счёт, корреспондентский　대리계좌

счёт, кредитный 신용계좌
счёт, лицевой 개인계좌
счёт лоро 로로계정
счёт ностро 노스트로계정
счёт, онкольный 콜계정
счёт, особый 특별계좌
счёт, открытый 개방계정
счёт покупателя 매수인계좌
счёт поставщика 공급인계좌
счёт прибылей и убытков 수익손실계좌
счёт просроченных ссуд 기한초과대출계좌
счёт, расчётный 결제계좌
счёт, расходный 비용계정
счёт, рублёвый 루블화계좌
счёт, сберегательный 저축계좌
счёт, специфицированный 특별계좌
счёт, ссудный 대출계좌
счёт, текущий 당좌계정
счёт-фактура 송장명세서
сырьё 원료, 원자재
сюрвейер 감정인

Т

тайна, коммерческая   상업기밀
таска   시세, 가격
тальман   검수인
таможня   세관
таможня, железнодорожная   철도세관
таможня, морская   해운세관
таможня, пограничная   국경세관
тара   포장재, 포장중량
тариф   관세, 요율, 요금
тариф, двухколонный   이중관세
тариф, единый   단일율
тариф, запретительный   금지관세
тариф, импортный   수입관세
тариф, конвенционный   협정관세
тариф, льготный   우대관세
тариф, международный   국제관세
тариф, Международный железнодорожный транзитный   국제철도통과운임
тариф, многоколонный   복률관세
тариф, налоговый   세율
тариф, незапретительный   비금지관세
тариф, одноколонный   단일관세
тариф, покровительственный   보호관세
тариф, сквозной   통과관세
тариф, скользящий   신축관세
тариф, таможенный   관세
тариф, транзитный   통과관세

부록 367

тариф, транспортный　운송요율
тариф, экспортный　수출관세
тендер　경쟁입찰
тендер, международный　국제입찰
терминал　터미널
терминал, контейнерный　컨테이너터미널
терминал, морской　해운터미널
техобслуживание　기술서어비스
товар　상품, 물품, 재화
товары, биржевые　거래상품
товар, временно ввозимый в РФ　러시아연방으로 임시반입된 상품
товар, временно вывозимый из РФ　러시아연방으로부터 임시반출된 상품
товар, запрещённый к ввозу　반입(수입)금지품
товар, запрещённый к вывозу　반출(수출)금지품
товар, запроданный　기판매상품
товар, застрахованный　보험가입상품
товары, импортные　수입상품
товары иностранного производства　외국생산품
товар иностранного происхождения　외국원산지상품
товар, конкурентоспособный　경쟁상품
товар, консигнационный　위탁판매상품
товар, незапроданный　미판매상품
товар, неконкурентоспособный　비경쟁상품
товары, представительские　공식상품
товары, реэкспортные　재수출물품
товары, транзитные　통과물품
товары, фирменные　브랜드상품, 고유상품
товары, экспортные　수출상품
товаровед　상품관리자
товарообмен　물품교환

товарооборот	상품유통
товароотправитель	송하인
товарополучатель	수하인
товаропроизводитель	상품생산자
торги	입찰 경매
торговец	상인
торговля	무역
торговля, внешняя	대외무역
торговля, встречная	연계무역
торговля, государственная	국가무역
торговля, каботажная	연안무역
торговля, компенсационная	구상무역
торговля, лицензионная	허가무역
торговля, мировая	세계무역
торговля, оптовая	도매무역
торговля, прибрежная	연안무역
торговля, приграничная	국경무역
торговля, розничная	소매무역
торгпред	무역대표
торгпредство	무역대표부, 무역사절단
транзит	통과
транспорт	수송
транспортировка	운송
трансферт	이체, 대체
трансферт, банковский	은행이체
трансферт прибыли	이윤대체
трассант	어음발행인
трассат	어음수취인
трассирование	어음발행
трата	소비, 지출

тратта　어음, 환어음
тратта, акцептованная　인수도어음
тратта, банковская　은행어음
тратта, документированная　화물환어음
тратта, коммерческая　상업어음
тратта, срочная　기한부어음
тратта, торговая　무역어음
требование　요구, 청구
требования, банковские　은행청구
требование, платёжное　지불청구
требование, рекламационное　클레임
требования, технические　기술사양
требования, эксплуатационные　작동사양
тримминг　화물정리, 화물균배
тур　관광여행
туризм　관광
турист　관광객

убыль   감소
убыток   손실, 손해
убытки, аварийные   해손손실
убытки, денежные   금전손실
убытки, косвенные   간접손실
убытки, материальные   물적손실
убытки, общеаварийные   일반해손
убыток, страховой   보험손실
уведомление   통지, 통보
удержание   공제
удержание из платежей   지불공제
удержание налога   세금공제
удовлетворение   충족
удовлетворение потребностей   필요충족
удовлетворение спроса   수요충족
удостоверение   확인, 증명(서)
удостоверение, регистрационное   등록증명서
укладка   적재
упаковка   포장
упаковка, безвозвратная   비반송포장
упаковка, заводская   공장포장
упаковка, многоразовая   다중포장
упаковка, обыкновенная   표준포장
упаковка, транспортная   운송포장
упаковка, тропическая   열대기후포장
упаковка, фабричная   생산지포장

упаковка, экспортная　수출포장
уплата　지불
уполномоченный　전권대리인
уполномоченный, таможенный　세관검사인
Управление Верховного Комиссара ООН по делам беженцев [УВКБ]　유엔고등판무관실 (UNHCR)
управление внешними экономическими связями　대외경제관계국
управление, главное　총관리국
управление, отраслевое　부문별관리국
управление предприятием　기업관리국
управление, таможенное　세관관리국
управляющий　관리국장
условие　조건
условия, базисные　기본조건
условия, коммерческие　거래조건
условия контракта　계약조건
условия, льготные　우대조건
условия, общие　일반조건
условия отгрузки　선적기한
условия платежа　지불기한
условия погашения кредита　신용대출변제기한
условия поставки　공급기한
условия предоставления кредита　신용대출기한
условия, технические　기술조건
условия торговли　교역조건
условия, транспортные　운송조건
услуга　서어비스
услуги, банковские　은행서어비스
услуги, бесплатные　무상서어비스
услуги, инжиниринговые　엔지니어링서어비스

услуги, консультационные 컨설팅서어비스
услуги, маркетинговые 마케팅서어비스
услуги, платные 유상서어비스
услуги, посреднические 중개서어비스
услуги, рекламные 광고서어비스
услуги, транспортно-экспедиторские 복합운송서어비스
услуги, транспортные 운송서어비스
устав 정관
устав акционерного общества 주식회사정관
устав совместного предприятия 합작회사사정관
устроитель выставки 박람회주최자
уступка 양보, 양도 할인
уступка в цене 가격양보
уступка патента 특허양도
уступка права 권리양도
утрата 손실, 손해
утрата имущества 자산손실
уход 유지
уценка 가격인하
уценка, соразмерная 적정가격인하
участие 참여
участие в акционерном капитале 주식자본참여
участие в прибылях 이윤참여
участие в расходах 비용분담
участие в совместном предприятии 합작회사참여
участие в торгах 입찰참가
участие, денежное 재정참여
участие, долевое 지분참여
участник 참여자, 참가자
учёт 정산 할인

учёт, бухгалтерский   회계정산
учёт векселей   어음할인
учёт, денежный   금전정산
учёт спроса   수요산출
учёт тратт   어음할인
учредитель   설립자
учреждение   설립 공공기관, 시설
учреждения банка   은행기관
учреждение, консульское   영사관
учреждение, кредитное   신용기관
учреждение, кредитующее   대부기관
учреждение, таможенное   세관
ущерб   손실, 손해
ущерб, денежный   금전손실
ущерб, косвенный   간접손실
ущерб, материальный   물적손실

факторинг   팩토링, 채권매수업
фактура   송장
фактура, коммерческая   상업송장
фактура, консульская   영사송장
фактура-спецификация   송장명세서
фиксация цен   가격고정
филиал   지사, 지점
филиал банка   은행지점
филиал компании   기업지사
филиал совместного предприятия   합작회사의지사
филиал фирмы   회사의지점
финансирование   자금조달
финансирование, банковское   은행자금조달
финансирование, безвозвратное   비상환자금조달
финансирование внешнеэкономической деятельности   대외경제활동자금조달
финансирование, государственное   국자자금조달
финансирование, долгосрочное   장기자금조달
финансирование, долевое   참여자금조달
финансирование импорта   수입자금조달
финансирование, совместное   합작자금조달
финансирование, среднесрочное   중기자금조달
финансирование торговли   무역자금조달
финансирование экспорта   수출자금조달
финансы   재정, 재무
фирма   회사, 기업
фирма, агентская   대리점기업

부록 375

фирма, аккредитованная в РФ   러시아연방내에서 인가된기업
фирма, брокерская   중개회사
фирма, внешнеторговая   대외무역회사
фирма, инженерно-консультационная   기술컨설팅회사
фирма, инжиниринговая   엔지니어링회사
фирма, иностранная   외국인회사
фирма, консультационная   컨설팅회사
фирма, лизинговая   리스회사
фирма, маркетинговая   마케팅회사
фирма, оптовая   도매회사
фирма, подрядная   도급회사
фирма, посредническая   중개회사
фирма, посылочная   발송회사
фирма, рекламная   광고회사
фирма, сбытовая   판매회사
фирма, стивидорная   하역회사
фирма, страховая   보험회사
фирма, строительно-монтажная   건축-보수회사
фирма, торговая   무역회사
фирма, транспортно-экспедиторская   복합운송회사
фирма, туристическая   여행사
фирма, хозрасчютная   독립채산기업
фирма-консигнант   판매위탁회사
фирма-лицензиар   라이센스기업
фирма-экспортёр   수출회사
ФОБ   본선인도가격(FOB, Free On Board)
фонд   기금, 적립금
фонд, амортизационный   감가상각적립금
фонды, банковские   은행기금
фонд, валютный   외화기금

фонд валютных отчислений   통화공제기금
фонд, денежный   현금기금
фонд, замороженный   동결적립금
фонд заработной платы   임금적립금
фонд, кредитные   신용기금
фонд, ликвидные   유동적립금
фонд материального поощрения   물자장려기금
фонд, Международный валютный [МВФ]   국제통화기금 (IMF)
фонд, оборотный   순환기금
Фонд ООН помощи детям [ЮНИСЭФ]   유엔아동기금 (UNICEF)
фонд погашения   상환적립금
фонд предприятия   기업기금
фонд, премиальный   상여적립금
фонды, производственные   생산기금
фонд развития производства   생산진흥기금
фонд, резервный   예비기금
фонд сельскохозяйственного развития, Международный [ИФАД]
                                  국제농업개발기금 (IFAD)
фонд, страховой   보험적립금
фонд, уставный   정관기금
фонд экономического стимулирования   경제진흥기금
формальности, таможенные   세관수속
форс-мажор   불가항력
форфейтинг   몰수, 벌금, 추징금
франко-баржа   바지선인도가격
франко-борт   본선인도가격, FOB
франко-борт и штивка   본선적재인도가격
франко-борт самолёта   항공기인도가격
франко-бункер   벙커인도가격
франко-вагон   화차인도가격

франко-вагон граница 국경화차인도가격
франко вдоль борта судна 선측인도가격
франко-выставка 박람회장인도가격
франко-гавань 항만인도가격
франко-грузовик 차량인도가격
франко-док 도크인도가격
франко-железнодорожная платформа 플랫폼인도가격
франко-железнодорожная станция назначения 지정역인도가격
франко-завод 공장인도가격
франко-лихтер 통선인도가격
франко-место нахождения 현장인도가격
франко-набережная 해안인도가격
франко-порт назначения 지정항인도가격
франко-пристань 부두인도가격
франко-резервуар 탱크인도가격
франко-склад 창고인도가격
франко-строп судна в порту разгрузки 하역항선박환삭인도가격
франко-цистерна 탱크인도가격
франшиза 면책비율
фрахт (선박)운임
фрахт, мёртвый 공하운임
фрахт, сквозной 통과운임
фрахтование 용선
фрахтователь 용선자

характеристика, техническая   기술사양서
хеджирование주식의 매입, 매출을 계속하는 것(hedging)
ходатайство   청원
хозрасчёт   특별회계, 독립채산제
хранение грузов   화물보관
хранение на таможенном складе   보세창고보관
хранение свободных средств   자유보관
хранение товара в пути   상품 운송중보관

цели, представительские   대표사무소 개설목적
цена   가격
цена, базисная   기본가격
цена, биржевая   거래가격
цена, бросовая   덤핑가격
цена, внешнеторговая   대외무역가격
цена, гарантированная   보증가격
цена, государственная   정부가격
цена, договорная   약정가격, 합의가격
цена, единая   단일가격
цена, заводская   공장가격
цена, зональная   지역가격
цена, импортная   수입가격
цена, конкурентная   경쟁가격
цена, контрактная   계약가격
цена, льготная   우대가격
цена мирового рынка   국제시장가격
цена, монопольная   독점가격
цена нетто   순가격
цена, оптовая   도매가격
цена, паритетная   균등가격
цена, паушальная   총가격
цена, позиционная   적정가격
цена покупателя   매수자가격, 구매자가격
цена, покупная   매수가격, 구매가격
цена, прейскурантная   목록가격

цена продавца   매도자가격, 판매자가격
цена, продажная   매도가격, 판매가격
цена, расчётная   결제가격
цена, реализационная   판매가격
цена, розничная   소매가격
цена, рыночная   시장가격
цена, сезонная   계절가격
цена, скользящая   신축가격
цена, сметная   견적가격
цена с надбавкой   추가가격, 할증가격
цены, сопоставимые   비교가격
цена со скидкой   할인가격
цена спот   현물가격
цена, тарифная   요율가격
цена, твёрдая   고정가격
цена, торговая   무역가격
цена, фабричная   공장가격
цена, фактурная   송장가격
цена, экспортная   수출가격
ценность   가치
ценности, валютные   화폐가치
ценности, заложенные   담보가치
ценности, имущественные   재산가치
ценности, материальные   자재가치
ценности, товарно-материальные   상품자재가치
ценообразование   가격형성
центр   센터
центр, коммерческий   상업센터
центр, консигнационный   위탁판매센터
центр, консультационный   컨설팅센터

부록 381

центр международной торговли 국제무역센터
центр, расчётный 금융결제센터
центр, торговый 무역센터

Ч

чартер 용선
чартер, бэрбоут 나용선계약
чартер, генеральный 일반용선
чартер, линейный 노선용선
чартер, лумпсум 일괄용선
чартер, рейсовый 편도용선
чартер, речной 하운용선
чартер, специальный 특별용선
часть груза 일부화물
часть груза, не принятая на судно 미선적일부화물
часть договора, неотъемлемая 계약의 고유부
части, запасные 예비부품
части, сменные 교환부품
часть фрахта, пропорциональная 운임비례율
чек 수표
чек, акцептованный 인수수표
чек, банковский 은행수표
чек, бланковый 백지수표
чек, именной 기명수표
чек, иностранный 외국수표
чек, кроссированный 횡선수표
чек на предъявителя 자기앞수표
чек, неакцептованный 부도수표
чек, некроссированный 비횡선수표
чек, опротестованный 인수거부수표
чек, ордерный 지시식수표

부록 383

чек, открытый   보통수표
чек, расчётный   결제수표
чек, туристский   여행자수표
чекодатель   수표발행인
чекодержатель   수표소지인
член   회원, 구성원
член без права голоса   무투표권회원
член, полноправный   정회원
член, постоянный   상임임원
член правления   이사회임원

шефмонтаж   조립관리
шефперсонал   감독요원, 관리요원
штамп   인장
штамп предприятия   회사인(명판)
штемпель   소인, 스탬프
штемпель банка   은행소인
штемпель перевозчика   운송소인
штемпель , почтовый   우체국소인
штивка   적하, 짐쌓기
штраф   과태료, 벌과금
штраф, денежный   벌과금
штраф, договорный   약정벌과금

Э

эквивалент, рублёвый 루블화와의 동일가치
экземпляр 부수, 권
экземпляр векселя 어음발행수
экземпляр, единственный 단일본
экземпляр, первый 초판본
экземпляр, последний 최종본
экономика 경제
экономика, мировая 세계경제
экономика, национальная 국가경제
экономика, рыночная 시장경제
экономика, товарная 상품경제
экономия 절약
экономия, валютная 통화절약
экономия в расходах 소비절약
экономия материала 물자절약
экспедитор 복합운송업자
экспедитор груза 화물운송업자
эксперт 감정가, 전문가, 검사자
эксперт, главный 책임감정가
эксперт, коммерческий 상업전문가
эксперт, патентный 특허감정가
эксперт по маркетингу 마케팅전문가
эксперт по материально-техническому снабжению 물자기술조달전문가
эксперт по перевозке грузов 화물운송전문가
эксперт по экономическим вопросам 경제문제전문가
эксперт, торговый 무역전문가

эксперт, транспортный　운송전문가
экспертиза　감정, 심사, 검사
экспертиза, банковская　은행심사
экспертиза, государственная　국가심사
экспертиза, независимая　독립심사
экспертиза, патентная　특허심사
экспертиза, техническая　기술심사
экспертиза технической документации　기술서류심사
экспертиза экспортных и импортных товаров　수출입화물검사
эксплуатация　운영, 이용
экспозиция　전시, 진열
экспозиция, выставочная　박람회전시
экспозиция, национальная　국가전시
экспозиция, совместная　공동전시
экспонат　진열품, 전시품
экспонат, выставочный　박람회전시품
экспонент　출품자, 진열자
экспонент, главный　주요출품자
экспонент, зарубежный　해외출품자
экспонент, коллективный　집단출품자
экспонент, отечественный　국내출품자
экспонент, постоянный　상시출품자
экспорт　수출
экспорт, бросовый　덤핑수출
экспорт научно-технических результатов　연구개발결과물의수출
экспорт, невидимый　무형수출
экспорт товаров и услуг　상품 및 서어비스수출
экспорт, традиционный　재래수출
эмбарго　수출입봉쇄
эмиссия　(유가증권, 은행권 등의) 발행

부록 387

эмиссия денег   화폐발행
эмиссия ценных бумаг   유가증권발행
эмитент   (유가증권, 은행권 등의) 발행처
эскалация цен   가격의 단계적 인상
эффект, экономический   경제효과
эффективность капиталовложений   자본투입효율성, 투자성
эффективность, коммерческая   상업성
эффективность производства   생산성
эффективность, экономическая   경제성

юрисконсульт 법률자문
юрист   법률가, 변호사

Я

ярлык   상표
ярмарка   시장, 전시판매장
ярмарка, весенняя   춘계시장
ярмарка, всемирная   세계시장
ярмарка, международная   국제시장
ярмарка, осенняя   추계시장
ярмарка, оптовая   도매시장
ярмарка, отраслевая   분야별시장
ярмарка, специализированная   전문시장
ярмарка, традиционная   전통시장, 재래시장

부 록

1. 사업자등록증 러시아어번역
2. 갑류무역업등록증 러시아어번역
3. 위임장 러시아어 용례
4. 화학원소명
5. 측량단위
6. 러시아산 수종목록
7. 동물명
8. 조류명
9. 곤충명
10. 수중생물명
11. 수목명
12. 과일명
13. 화초명
14. 야채, 곡물명

1. 사업자등록증 러시아어 번역

СВИДЕТЕЛЬСТВО О РЕГИСТРАЦИИ
(Для юридического лица)

Регистрационный No. 120-82-02797

---

1. Наименование юридического лица : ТОНЪИЛЬ ТРЭЙДИНГ КО.ЛТД.

2. Представитель : Пак Мун Су

3. Дата начала деятельности : 12 февраля 2006г.

4. Регистрационный номер юридического лица : 112233-0007777

5. Метонахождения : Сеул Каннам-гу Самсунг-дон123

6. Метонахождения главного офиса
   : Сеул Каннам-гу Самсунг-дон 123

7. виды деятельности : оптовая и розничная купли-продажа,
   торговля

8. Цель выдачи : Новая регистрация

9. Лицензионный номер по продаже алкогольного напитка :

25 февраля 2006г.

Каннам Госналоговая служба

2. 갑류무역업등록증 러시아어번역

ВЫПИСКА ИЗ ТОРГОВОГО РЕЕСТРА
(КАБЫЛЮ)

1. Наименование Фирмы	ТОНЪИЛЬ ТРЭЙДИНГ КО., ЛТД.
2. Номер реестра	12345678
3. Адрес	Сеул Каннам-гу Самсунг-дон 123
4. Вид деятельности	Торговля, Оптовая продажа
5. Генеральный директор	Пак Мун Су
6. Номер удостоверения личности	550101-1111111
7. Начальное число реестра	1 августа 2006г.

Корейская Торговая Ассоциация подтверждает, что эта Фирма регистрирована согласно по положению пункта 7.1. Торгового Закона с зарубежными стра— нами и пункта 9.1. Исполнительного Постановления Торгового Закона.

1 августа 2006г.

КОРЕЙСКАЯ ТОРГОВАЯ АССОЦИАЦИЯ
ПРЕДСЕДАТЕЛЬ

3. 위임장 러시아어 용례

ДОВЕРЕННОСТЬ

1, января 2006г.   г. Сеул

Настоящая доверенность выдана к г-ну КИМ ЧОЛЬ СУ , родившемуся 15. 8. 1960г. и имеющему паспортный номер АВ 3336666, в том, что ему поручается представлять интересы Фирмы <Тонъиль ТРЭЙДИНГ КО., ЛТД.> во всех учрежде-ниях и организациях по всем вопросам, связанным со созданием Русско-Корей-ского Совместного Предприятия.

Для выполнения представительских Функций предоставляются следующие права : получать документы, подавать заявления, вести дела во всех судебных, арбитражных, нотариальных и административных учреждениях со всеми правами, которые предоставляются законом истцу, ответчику и третьим лицам, а также потерпевшему от преступления заключать все разрешенные законом сделки, получать причитающееся доверителю имущество, расписываться и совершать все иные законные действия, связанные с выполнением настоящего поручения.

Полномочия по настоящей доверенности не могут быть переданы другим лицам.
Доверенность действительна до 31 декабря 2007г.

ТОНЪИЛЬ ТРЭЙДИНГ КО., ЛТД.
Генеральный директор

ПАК МУН СУ _____

4. 화학원소명

원소번호	원소기호	한국어	영어	러시아어
1	H	수소	hydrogen	водород
2	He	헬륨	helium	гелий
3	Li	리튬	lithium	литий
4	Be	베릴륨	beryllium	бериллий
5	B	붕소	boron	бор
6	C	탄소	carbone	углерод
7	N	질소	nitrogen	азот
8	O	산소	oxygen	кислород
9	F	플루오르	fluorine	фтор
10	Ne	네온	neon	неон
11	Na	나트륨	sodium	натрий
12	Mg	마그네슘	magnesium	магний
13	Al	알루미늄	aluminium	алюминий
14	Si	규소	silicon	кремний
15	P	인	phosphorous	фосфор
16	S	황	sulfur	сера
17	Cl	염소	chlorine	хлор
18	Ar	아르곤	argon	аргон
19	K	칼륨	potassium	калий
20	Ca	칼슘	calcium	кальций
21	Sc	스칸듐	scandium	скандий
22	Ti	티탄	titanium	титан
23	V	바나듐	vanadium	ванадий
24	Cr	크롬	chromium	хром
25	Mn	망간	manganese	марганец

26	Fe	철	iron	железо
27	Co	코발트	cobalt	кобальт
28	Ni	니켈	nickel	никель
29	Cu	구리	copper	медь
30	Zn	아연	zinc	цинк
31	Ga	갈륨	gallium	галлий
32	Ge	게르마늄	germanium	гермапий
33	As	비소	arsenic	мышьяк
34	Se	셀렌	selenium	селед
35	Br	브롬	bromine	бром
36	Kr	크립톤	krypton	криптон
37	Rb	루비듐	rubidium	рубидий
38	Sr	스트론튬	strontium	стронций
39	Y	이트륨	yttrium	иттрий
40	Zr	지르코늄	zirkonium	цирконий
41	Nb	니오브	niobium	ниобий
42	Mo	몰리브덴	molybdenum	молибден
43	Tc	테크네튬	technetium	технеций
44	Ru	루테늄	ruthenium	рутений
45	Rh	로듐	rhodium	родий
46	Pd	팔라듐	palladium	палладий
47	Ag	은	silver	серебро
48	Cd	카드뮴	cadmium	кадмий
49	In	인듐	indium	индий
50	Sn	주석	tin	олово
51	Sb	안티몬	antimony	сурьма
52	Te	텔루르	tellurium	теллур
53	I	요오드	iodine	иод
54	Xe	크세논	xenon	ксенон
55	Cs	세슘	cesium	цезий

56	Ba	바륨	barium	барий
57	La	란탄	lanthanum	лантан
58	Ce	세륨	cerium	церий
59	Pr	프라세오디뮴	praseodymium	празеодим
60	Nd	네오디뮴	neodymium	неодимий
61	Pm	프로메튬	promethium	промеций
62	Sm	사마륨	samarium	самарий
63	Eu	유로퓸	europium	европий
64	Gd	가돌리늄	gadolinium	гадолиний
65	Tb	테르븀	terbium	тербий
66	Dy	디스프로슘	dysprosium	диспродий
67	Ho	홀뮴	holmium	гольмий
68	Er	에르븀	erbium	эрбий
69	Tm	툴륨	thulium	туллий
70	Yb	이테르븀	ytterbium	иттербий
71	Lu	루테튬	lutetium	лутетий
72	Hf	하프늄	hafnium	гафний
73	Ta	탄탈	tantalum	тантал
74	W	텅스텐	tungsten	вольфрам
75	Re	레늄	rhenium	рений
76	Os	오스뮴	osmium	осмий
77	Ir	이리듐	iridium	иридий
78	Pt	백금	platinum	платина
79	Au	금	gold	золото
80	Hg	수은	mercury	ртуть
81	Tl	탈륨	thallium	таллий
82	Pb	납	lead	свинец
83	Bi	비스무트	bismuth	висмут
84	Po	폴로늄	polonium	полоний
85	At	아스타틴	astatine	астатин

86	Rn	라돈	radon	радон
87	Fr	프란슘	francium	франций
88	Ra	라듐	radium	радий
89	Ac	악티늄	actinium	акциний
90	Th	토륨	thorium	торий
91	Pa	프로트악티늄	protactinium	протактиний
92	U	우라늄	uranium	уран
93	Np	넵투늄	neptunium	нептуний
94	Pu	플루토늄	plutonium	плутоний
95	Am	아메리슘	americium	америций
96	Cm	퀴륨	curium	кюрий
97	Bk	버클륨	berkelium	беркелий
98	Cf	칼리포르늄	californium	калифорний
99	Es	아인시타이늄	einsteinium	эйнштейний
100	Fm	페르뮴	fermium	фермий
101	Md	멘델레븀	mendelevium	менделевий
102	No	노벨륨	nobelium	нобелий
103	Lr	로렌슘	lawrencium	лоуренсий
104	Una	운니쿼디움		
105	Unp	운닐펜티움		
106	Unh	운닐헥산		

5. 측량단위

한국어	러시아어	기호
그램 Gram	Грамм	г
뉴턴 Newton	Ньютон	Н
데시벨 Decibel	Децибел	Дб
도 Degree	Градус угловой	град
디옵터 Diopter	Диоптрия	дптр
라디안 Radian	Радиан	рад
루멘 Lumen	Люмен	лм
룩스 Lux	Люкс	Лк
리터 Liter	Литр	л
미크론 Micron	Микрон	мк
미터 Meter	Метр	м
밀리그램 Milligram	Миллиграмм	мг
밀리미크론 Milligram	Миллимикрон	ммк
밀리미터 Millimeter	Миллиметр	мм
볼트 Volt	Вольт	В
분 Minute	Минут	м
섭씨 Celsius Temp.	градус Цельсия	℃
센티미터 Centimeter	Сантиметр	см
시 Hour	Час	ч
암페어 Ampere	Ампер	А
오옴 Ohm	Ом	ом
와트 Watt	Ватт	Вт
입방미터 Cubic meter	кубический метр	M^3
졸 Sol	Джоуль	Дж
초 Second	Секунда	с
칼로리 Calprie	Калория	кал
캐럿 Carat	Карат	кар
쿨롬 Coulomb	Кулон	Кл

킬로그램 Kilogram	Килограмм	кг
킬로미터 Kilometer	Километр	км
톤 Ton	Тонна	т
파스칼 Pascal	Паскаль	Па
평방미터 Square meter	квадратный метр	$м^2$
헥타르 Hectare	Гектар	га

6. 러시아산 수종목록

берёза	birch	자작나무
бук	beech	너도밤나무
вяз	elm	느릅나무
дуб	oak	참나무(떡갈나무)
ель	spruce	가문비나무
ива	willow	버드나무
ильм	elm	느릅나무
кедр	cedar	삼(잣)나무
клён	maple	단풍나무
липа	lime	라임
	(linden)	보리수나무
лиственница	larch	낙엽송
ольха	alder	오리나무
осина	aspen	사시나무(포플러)
пихта	fir	전나무
сосна	pine	소나무
тисс	yew	朱木
тополь	poplar	포플러
ясень	ash	물푸레나무

7. 육상동물명

개	собака
거북	черепаха
고릴라	горилла
고슴도치	ёж
고양이	кошка
곰	медведь
기린	жираф
낙타	верблюд
늑대	волк
다람쥐	белка
당나귀	осёл
도마뱀	ящерица
독사	гадюка
돼지	свинья
두더쥐	крот
말	лошадь
멧돼지	кабан
밍크	норка
박쥐	летучая мышь
뱀	змей
북극여우	песец
사슴	олень
사자	лев
살모사	гремучая змея
시라소니	рысь
암소	корова
양	баран
얼룩말	зебра

여우	лисица
염소	коза
원숭이	обезьяна
집토끼	кролик
카멜레온	хамелеон
캥거루	кенгуру
코끼리	слон
코브라	кобра
코뿔소	носорог
큰사슴	лось
토끼	заяц
표범	леопард
하마	бегемот
해리	бобр
호랑이	тигр
황소	бык, вол
흑담비	соболь

8. 조류명

갈가마귀	грач
갈매기	чайка
거위	гусь
공작	павлин
까마귀	ворона
꾀꼬리	соловей
꿩	фазан
독수리	орёл
두루미	журавль

들꿩	рябчик
딱따구리	дятел
매	сокол
박새	синица
박쥐	ушан
백조	лебедь
부엉이	сова, филин
비둘기	голубь
뻐꾸기	кукушка
수탉	петух
암탉	курица
앵무새	попугай
오리	утка
왜가리	цапля
제비	ласточка
종달새	жаворонок
찌르레기	скворец
칠면조	индюк
카나리아	канарейка
타조	страус
펭귄	пингвин
황새	аист

9. 곤충명

개미	муравей
거미	паук
귀뚜라미	сверчок
꿀벌	пчела

나비	бабочка
딱정벌레	жук
말벌	оса
메뚜기	саранча
모기	комар
바퀴벌레	таракан
빈대	клоп
사마귀	богомол
잠자리	стрекоза
전갈	скорпион
파리	муха

10. 수중생물명

가리비	гребешок
가오리	скат
가자미	камбала
가재	рак
개구리	лягушка
게	краб
고등어	скумбрия
고래	кит
굴	устрица
꽁치	сайра
낙지	осьминог
농어	ёрш
다시마	морская капуста
대구	треска
돌고래	дельфин

두꺼비	жаба
망둥어	бычок
메기	сом
명태	минтай
바다코끼리	морж
바다표범	тюлень
뱀장어	угорь
상어	акула
새우	креветка
송어	горбуша
숭어	кефаль
악어	крокодил
연어	кета, лосось
오징어	кальмар
이면수	терпуг
잉어	сазан
적어	окунь
철갑상어	белуга
청어	сельдь
칠성장어	минога
해마	морской конек
해삼	трепанг
해초	водоросль
해파리	медуза

11. 수목명

가문비나무	ель
낙엽송	лиственница

너도밤나무	бук
느릅나무	ильм, вяз
단풍나무	клён
대나무	бамбук
물푸레나무	ясень
밤나무	каштан
백양나무	тополь
버드나무	ива
보리수나무	липа
사시나무	осина
소나무	сосна
아카시아	акация
오리나무	ольха
자작나무	берёза
잣나무	кедр
전나무	пихта
주목	тисс
참나무	дуб
측백나무	кипарис

12. 과일명

구즈베리	крыжовник, смородина
귤	мандарин
딸기	клубника
레몬	лимон
마가목	рябина
망고	манго
바나나	банан

배	груша
버찌	черешня
복숭아	персик
사과	яблоко
산딸기	малина
석류	гранат
수박	арбуз
앵두	вишня
오렌지	апельсин
올리브	маслина
월귤	брусника
자두	слива
참외	дыня
토마토	помидор
파인애플	ананас
포도	виноград
호두	орех

13. 화초명

국화	хризантема
글라디올러스	гладиолус
난초	орхидея
눈꽃	подснежник
다알리야	георгин
데이지	маргаритка
라일락	сирень
목련	магнолия
방울꽃	ландыш

백합	лилия
선인장	кактус
수레국화	василёк
수선화	бледножелтый нарцисс
양국화	ромашка
양귀비	мак
연꽃	лотос
장미	роза
쟈스민	жасмин
진달래	азалия
초롱꽃	колокольчик
튤립	тюльпан
패랭이꽃	гвоздика
함박꽃	пион
히비스커스	гибискус

14. 야채, 곡물명

가지	баклажан
감자	картофель
강남콩	фасоль
고사리	папоротник
고추	перец
귀리	овёс
기장	просо
대두	боб
마늘	чеснок
메밀	гречиха
목화	хлопок

무	редька
미나리	петрушка
밀	пшеница
버섯	грибы
벼	рис
보리	ячмень
빨간무우	редис
사탕무우	свекла
순무	репа
아마	лён
양배추	капуста
양파	грулый лук
연초	табак
오이	огурец
옥수수	кукуруза
완두	горох
파	лук
해바라기	подсолнечник
호밀	рожь
호박	тыква
홍당무	моркрвь
흰호박	кабачок

РУССКО-КОРЕЙСКИЙ КОРЕЙСКО-РУССКИЙ
СЛОВАРЬ
ВНЕШНЕТОРГОВЫХ ТЕРМИНОВ

러시아어-한국어 한국어-러시아어
무역 용어 사전

초판 1쇄 인쇄 2008년 9월 25일 인쇄
초판 1쇄 발행 2008년 9월 30일 발행

편저자 이 상 재
펴낸이 서 덕 일
펴낸곳 도서출판 문예림

등록번호 1962. 7. 12. 제 2-110호
주 소 경기도 파주시 회동길 366
전 화 02-499-1281~2 **팩 스** 02-499-1283
홈페이지 www.moonyelim.com
전자우편 info@moonyelim.com

ISBN 978-89-7482-440-2 (13730)

값 **40,000원**

・잘못된 책은 구입하신 서점에서 교환해 드립니다.